Programas de autonomía e higiene en el aseo personal del ACNEE

María Dolores Del Rosal García

ic editorial

Programas de autonomía e higiene en el aseo personal del ACNEE
© María Dolores Del Rosal García

1ª Edición

Editado por: IC Editorial
c/ Cueva de Viera, 2, Local 3
Centro Negocios CADI
29200 Antequera (Málaga)
Teléfono: 952 70 60 04
Fax: 952 84 55 03
Correo electrónico: iceditorial@iceditorial.com
Internet: www.iceditorial.com

ISBN: 978-84-1184-438-3
Depósito Legal: MA 2557-2024

Impresión: PODiPrint
Impreso en Andalucía – España

Nota de la editorial: IC Editorial pertenece a Innovación y Cualificación S. L.

Presentación del manual

El **Certificado de Profesionalidad** es el instrumento de acreditación, en el ámbito de la Administración laboral, de las cualificaciones profesionales del Catálogo Nacional de Cualificaciones Profesionales adquiridas a través de procesos formativos o del proceso de reconocimiento de la experiencia laboral y de vías no formales de formación.

El elemento mínimo acreditable es la **Unidad de Competencia.** La suma de las acreditaciones de las unidades de competencia conforma la acreditación de la competencia general.

Una **Unidad de Competencia** se define como una agrupación de tareas productivas específica que realiza el profesional. Las diferentes unidades de competencia de un certificado de profesionalidad conforman la **Competencia General,** definiendo el conjunto de conocimientos y capacidades que permiten el ejercicio de una actividad profesional determinada.

Cada **Unidad de Competencia** lleva asociado un **Módulo Formativo,** donde se describe la formación necesaria para adquirir esa **Unidad de Competencia,** pudiendo dividirse en **Unidades Formativas.**

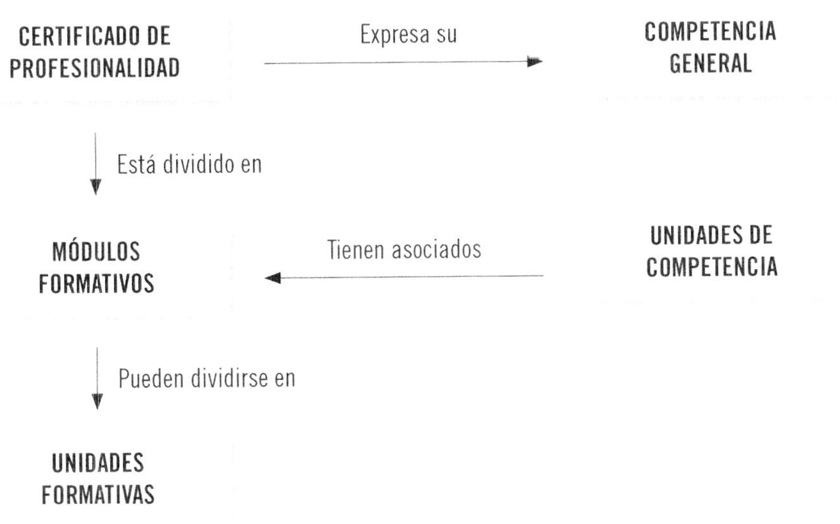

El presente manual desarrolla la Unidad Formativa **UF2419: Programas de autonomía e higiene en el aseo personal del ACNEE,**

perteneciente al Módulo Formativo **MF1428_3: Autonomía e higiene personal en el aseo del alumnado con necesidades educativas especiales,**

asociado a la unidad de competencia **UC1428_3: Implementar los programas de autonomía e higiene personal en el aseo del alumnado con necesidades educativas especiales (ACNEE), participando con el equipo interdisciplinar del centro educativo,**

del Certificado de Profesionalidad **Atención al alumnado con necesidades educativas especiales (ACNEE) en centros educativos.**

UNIDAD DE COMPETENCIA
UC1428_3

Implementar los programas de autonomía e higiene personal en el aseo del alumnado con necesidades educativas especiales (ACNEE), participando con el equipo interdisciplinar del centro educativo

Tiene asociado el

MF1428_3

Autonomía e higiene personal en el aseo del alumnado con necesidades educativas especiales

Compuesto de las siguientes **UNIDADES FORMATIVAS**

UF2277
Aplicación de los Sistemas Alternativos y aumentativos de comunicación

UF2419
Programas de autonomía e higiene en el aseo personal del ACNEE

UNIDAD FORMATIVA DESARROLLADA EN ESTE MANUAL

FICHA DE CERTIFICADO DE PROFESIONALIDAD			
(SSCE0112) ATENCIÓN AL ALUMNADO CON NECESIDADES EDUCATIVAS ESPECIALES (ACNEE) EN CENTROS EDUCATIVOS (R. D. 625/2013, de 2 de agosto)			
COMPETENCIA GENERAL: Acompañar al alumnado con necesidades educativas especiales (ACNEE) tanto en los desplazamientos, como en la realización de las actividades relacionadas con los programas de autonomía personal e higiene y de enseñanza-aprendizaje, durante el periodo escolar, utilizando metodología, técnicas y recursos, bajo la supervisión del equipo interdisciplinar del centro educativo, para satisfacer las necesidades básicas de aseo, alimentación y descanso del ACNEE, procurando su autonomía y garantizando la seguridad del mismo, cumpliendo con la normativa aplicable en los centros educativos.			
Cualificación profesional de referencia	**Unidades de competencia**		**Ocupaciones o puestos de trabajo relacionados:**
SSC444_3 ATENCIÓN AL ALUMNADO CON NECESIDADES EDUCATIVAS ESPECIALES (ACNEE) EN CENTROS EDUCATIVOS (R. D. 1096/2011, de 22 de julio)	UC1426_3	Acompañar al alumnado con necesidades educativas especiales (ACNEE) en los desplazamientos internos en el centro educativo	• Auxiliar Técnico/a Educativo/a • Ayudante Técnico/a Educativo/a • Especialista de Apoyo Educativo • Educador/a de Educación Especial • Integrador/a social
	UC1427_3	Ejecutar, en colaboración con el tutor/a y/o con el equipo interdisciplinar del centro educativo, los programas educativos del alumnado con necesidades educativas especiales (ACNEE) en su aula de referencia	
	UC1428_3	Implementar los programas de autonomía e higiene personal en el aseo del alumnado con necesidades educativas especiales (ACNEE), participando con el equipo interdisciplinar del centro educativo	
	UC1429_3	Atender y vigilar en la actividad de recreo al alumnado con necesidades educativas especiales (ACNEE), participando junto a el/la tutor/a en el desarrollo tanto de los programas de autonomía social como en los programas de actividades lúdicas	
	UC1430_3	Atender al alumnado con necesidades educativas especiales (ACNEE) en el comedor escolar, participando con el equipo interdisciplinar del centro educativo en la implementación de los programas de hábitos de alimentación	

Correspondencia con el Catálogo Modular de Formación Profesional		
Módulos certificado	Unidades formativas	Horas
MF1426_3: Aplicación técnica de movilidad, orientación y deambulación en los desplazamientos internos por el centro educativo del alumnado con necesidades educativas especiales (ACNEE)	UF2277: Aplicación de los Sistemas Alternativos y aumentativos de comunicación	30
	UF2416: Utilización de las técnicas de movilidad en desplazamientos internos por el centro educativo del ACNEE	70
MF1427_3: Participación en los programas de enseñanza-aprendizaje en el aula de referencia del alumnado con necesidades educativas especiales (ACNEE)	UF2277: Aplicación de los Sistemas Alternativos y aumentativos de comunicación	30
	UF2417: Aplicación de los programas de habilidades de autonomía personal y social del alumnado con necesidades educativas especiales	50
	UF2418: Actividades complementarias y de descanso del alumnado con necesidades educativas especiales	70
MF1428_3: Autonomía e higiene personal en el aseo del alumnado con necesidades educativas especiales	UF2277: Aplicación de los Sistemas Alternativos y aumentativos de comunicación	30
	UF2419: Programas de autonomía e higiene en el aseo personal del ACNEE	70
MF1429_3: Atención y vigilancia en la actividad del recreo del alumnado con necesidades educativas especiales	UF2277: Aplicación de los Sistemas Alternativos y aumentativos de comunicación	30
	UF2420: Programas de actividad lúdica en el recreo	90
MF1430_3: Hábitos y autonomía en la alimentación del alumnado con necesidades educativas especiales (ACNEE), en el comedor escolar	UF2277: Aplicación de los Sistemas Alternativos y aumentativos de comunicación	30
	UF2421: Programas de autonomía e higiene personal, a realizar en el comedor escolar con un ACNEE	40
	UF2422: Programas de adquisición de hábitos de alimentación y autonomía de un ACNEE que se realizan en un comedor escolar	50
MP0503: Módulo de prácticas profesionales no laborales		80

Índice

Capítulo 1

Programas de autonomía e higiene en el aseo personal del ACNEE

Contenido

1. Introducción

Definiendo el concepto de Necesidades Educativas Especiales en el alumnado (NEE) se situará su nacimiento en los años 70, más concretamente en 1978 con la publicación del *Informe Warnock* redactado por la Secretaría de Educación del Reino Unido. En este informe la Educación Especial pasó a ser conceptualmente más amplia y flexible, se propuso satisfacer las necesidades especiales del alumno o alumna mediante el logro de los objetivos de la educación, en la medida de las posibilidades individuales. Como concepto clave surgió el término **diversidad,** definido como la capacidad individual de cada alumno y alumna para aprender y desarrollarse plenamente como persona, requiriendo una atención individualizada y comprensiva.

Con la Ley Orgánica 2/2006, de 3 de mayo, de Educación (LOE 2006), se dieron pasos hacia una nueva organización en la atención a la diversidad, destacando los conceptos de Necesidades Educativas Especiales y Necesidades Específicas de Apoyo Educativo de espectro más amplio.

El concepto Alumnado con Necesidades Educativas Especiales (ACNEE) se refiere a "todo aquel alumno o alumna que padezca trastornos graves de conducta y/o discapacidad sensorial, psíquica o motora precisando una atención educativa distinta a la ordinaria". Este concepto resultaría una categoría dentro del Alumnado con Necesidades de Apoyo Específico (ACNEAE), donde también se encontrarían las siguientes categorías:

- Dificultades específicas de aprendizaje.
- Altas capacidades intelectuales.
- Incorporación tardía al Sistema Educativo español.
- Condiciones personales e historia escolar.

En 2013 se publicó la Ley Orgánica 8/2013, de 9 de diciembre, para la mejora de la calidad educativa (LOMCE), que modificó en algunos términos la LOE. La LOMCE atribuye a las administraciones educativas la dotación de medidas y recursos para paliar las dificultades de los alumnos y alumnas que presenten necesidades educativas especiales, para que desarrollen el máximo de sus capacidades. Por otra parte, la LOMCE contempla la detección precoz de necesidades educativas especiales mediante pruebas de diagnóstico individualizadas.

La ley educativa actual es **La Ley Orgánica 3/2020, de 29 de diciembre,** por la que se modifica la Ley Orgánica 2/2006, de 3 de mayo, de Educación **(LOMLOE),** derogando la LOMCE e introduciendo importantes modificaciones en la LOE, ley vigente desde el año 2006. Esta norma ofrece medidas de atención a la diversidad para la obtención del graduado en educación secundaria obligatoria, formación profesional y bachillerato, además de los procesos relacionados a incluir en los planes de acción tutorial, entre otras cuestiones.

En el artículo 27 se desarrollan los **programas de diversificación curricular,** debiendo ser las diferentes administraciones educativas las que garanticen al alumnado con necesidades educativas especiales su participación en estos programas y recursos de apoyo.

2. Diseño de programas de autonomía e higiene

La autonomía y la higiene personal en el aseo dentro del desarrollo de la autodeterminación de los alumnos con necesidades educativas especiales se consideran competencias fundamentales en su progresión como personas independientes. Por lo tanto, la autodeterminación "se refiere a la capacidad para actuar como el principal agente causal de la propia vida y realizar elecciones y tomar decisiones relativas a uno mismo, libre de influencias o interferencias externas indebidas" (Wehmeyer, 1996).

El constructo calidad de vida se perfila en torno a la consecución de la máxima autonomía personal del individuo, siendo la autodeterminación uno de los pilares centrales del concepto.

La autodeterminación es una composición de conocimientos, creencias y habilidades que capacitan a un individuo para comprometerse en una conducta autónoma, autorreguladora y orientada a un objetivo.

La autonomía personal es uno de los componentes fundamentales de la capacidad de autodeterminación. Según la Ley 39/2006, de 14 de diciembre, de Promoción de la Autonomía Personal y Atención a las personas en situación de dependencia, la autonomía se puede considerar como la capacidad de controlar, de afrontar y de tomar, por propia iniciativa, decisiones personales acerca de cómo vivir de acuerdo con las normas y preferencias propias, así como de desarrollar las actividades básicas de la vida diaria.

Muchos alumnos y alumnas con Necesidades Educativas Especiales presentan dificultades en habilidades de la vida diaria, las cuales dotan al individuo de la autonomía necesaria para ser autosuficiente. No obstante, es importante contrastar si las dificultades son, por no haberles dado la oportunidad de practicar todas sus destrezas, o bien se debe a la situación personal de cada individuo.

Por lo tanto, en consecuencia la adquisición de hábitos cotidianos de higiene resulta de gran importancia en la preparación del ACNEE para la vida.

Entre las dificultades que se encuentran el alumnado con Necesidades Educativas Especiales sería la generalización de los aprendizajes; para paliar esta cuestión el programa debe diseñar en función a un sistema de intervención basado en la coordinación de los agentes educativos (profesorado, padres y profesionales de otras entidades) implicados en la educación del alumno/alumna, que posibilite una mayor eficacia de las actuaciones educativas.

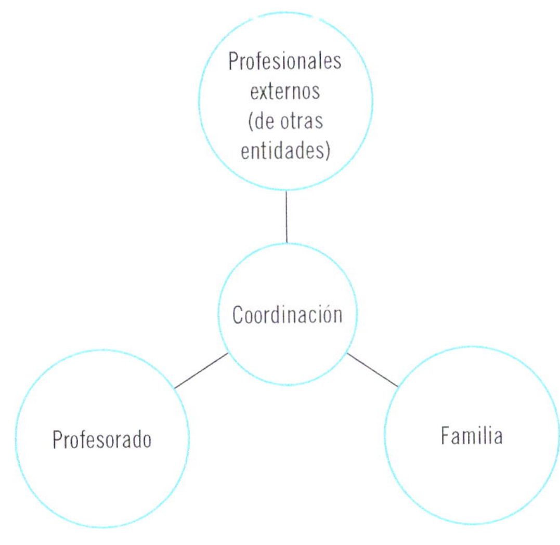

Actividades

1. Reflexione sobre el concepto de ACNEE y elabore su propia definición.
2. Realice un esquema que refleje la relación de los conceptos ACNEE y ACNEAE.
3. Lea e investigue acerca del término "Dificultades específicas del aprendizaje (DEA)". Desarrolle una explicación del concepto.
4. Tras haber ahondado en el concepto, detalla los tipos de DEA que existen.

Para la elaboración de un Programa de Autonomía e Higiene en el Aseo se considerarán los siguientes principios generales:

- **Enfoque globalizado.** Referido a que formará parte del proyecto global educacional del alumnado, con la intervención de todos los agentes educativos.
- **Enseñanza individualizada.** Se ha de partir de la premisa de que se enseña a personas únicas, con peculiaridades y características concretas. Respetar el ritmo y las vivencias temporales de cada alumno/alumna es la garantía más adecuada para que cada persona se sienta diferente, valorada, aceptada, única, etc.
- **Funcionalidad.** La funcionalidad en el aprendizaje se obtiene con experiencias y enseñanzas significativas y siempre relacionadas con lo previamente aprendido. Las tareas deben estar organizadas y secuenciadas en función a la dificultad que conlleven (de menor a mayor).

Esta funcionalidad de los aprendizajes va a procurar que el/la alumno/alumna pueda usar y generalizar lo aprendido a otros contextos, en otras situaciones y espacios distintos.

En resumen, se centrará el diseño del programa en el aprendizaje de hábitos de higiene y autonomía personal con una atención individualizada, llevando a cabo aprendizajes significativos y aportando funcionalidad.

Nota

Un Programa Educativo, desde una perspectiva pedagógica, se refiere a un plan sistemático diseñado como medio al servicio de las metas educativas.

Actividades

5. La autonomía personal es uno de los componentes de la autodeterminación en alumnos/as con Necesidades Educativas Especiales, nombre como mínimo uno más.
6. Para lograr la generalización de los aprendizajes tienen que estar implicados todos los agentes que intervienen en la educación del niño/a, cítelos.

2.1. Objetivos

Los objetivos de un programa en el ámbito de la educación, son lo que se pretende alcanzar, el resultado que se espera que consiga el alumnado al finalizar un proceso de aprendizaje. Por lo tanto, los objetivos se definen como parámetro de evaluación a nivel de educación.

Los objetivos están incluidos en un proceso, no son un elemento independiente, resultan el punto de inicio para organizar, seleccionar y guiar los contenidos. En función a ellos, se intercalarán las modificaciones necesarias en el desarrollo del proceso de aprendizaje. Los objetivos son la guía para determinar QUÉ y CÓMO enseñar, facilitan al docente su tarea de concretar qué debe reforzar en su alumnado y especifican cuál ha sido la progresión de los alumnos/alumnas.

En función a los fines que se desean conseguir, los objetivos se pueden establecer de mayor o menor amplitud y en cada caso existen procedimientos y recursos concretos para lograrlos.

En cuanto al diseño de un Programa de Autonomía e Higiene en el Aseo de ACNEE uno de los objetivos fundamentales debe ser conseguir el mayor grado de autonomía del alumnado. Para su logro se debe partir de unas condiciones óptimas respecto a los requisitos que precisa un proceso de aprendizaje significativo. Se tendrá en cuenta el fomento de la autodeterminación que active las iniciativas de la persona, que promueva su participación en las acciones cotidianas para la vida, que procure a la persona seguridad y confianza en sí misma, que valore sus logros, que beneficie la autorregulación y que impulse la autonomía, etc.

La elección de objetivos y contenidos (como ya se verá en el siguiente epígrafe) que se propondrán en un Programa de Autonomía e Higiene personal en el Aseo de alumnos y alumnas con Necesidades Educativas Especiales debe ir orientada a obtener el máximo nivel de autonomía personal en el alumnado, en función de sus facultades y posibilidades.

Alumna adquiriendo autonomía en su aseo

Actividades

7. Desarrolle dos objetivos para establecer el hábito de "dar los buenos días" en un/a niño/a con déficit de atención.

2.2. Contenidos

Tras decidir los objetivos de los aprendizajes que se enseñarán, es fundamental dar un paso más y afrontar la siguiente etapa: seleccionar los contenidos que podrán colaborar a la consecución de esos aprendizajes. Por lo tanto, los contenidos de un programa será básicamente "todo lo que se pretende enseñar".

La tarea de seleccionar los contenidos se debe basar en los objetivos establecidos previamente, es decir, en los logros que se intentarán alcanzar.

Si la intención del programa es que los alumnos y alumnas asuman ciertas habilidades y hábitos, los contenidos se ceñirán a esas mismas habilidades y hábitos detalladas y ordenadas. Por consiguiente, es necesario llevar a cabo la *secuenciación previa* de los contenidos, esto es, su adaptación a las características del grupo de alumnado con Necesidades Educativas Especiales.

Cuando sea el momento de seleccionar el contenido a trabajar es importante distinguir tres clases: conceptuales, procedimentales y actitudinales.

Conceptuales

Los contenidos conceptuales hacen referencia a los hechos, datos, conceptos y conocimientos.

En cuanto a los hechos o datos, su aprendizaje se efectúa de manera literal intrínsecamente. Se trata de una información descriptiva y es imprescindible enmarcarlos en un contexto más amplio. Serán el instrumento para posibilitar el logro de los objetivos relativos a los conceptos. Referente a los conceptos cabe destacar que precisan comprensión y se adquirirán de forma gradual. Ayudan a dotar de significado a una información. Los conceptos más englobadores son las ideas básicas y procuran apoyar a la comprensión. Suelen ser más generales y transferibles.

Para seleccionar adecuadamente los contenidos conceptuales de un programa educativo se deben formular las siguientes preguntas:

- ¿Qué conceptos y hechos se trabajarán?
- ¿Qué orden se seguirá para trabajarlos teniendo en cuenta su organización?
- ¿A qué nivel de profundidad y amplitud se trabajarán partiendo de los conocimientos y aptitudes del alumnado?

Ejemplo

Un ejemplo de contenido conceptual en un programa de autonomía e higiene personal en alumnos y alumnas con necesidades educativas especiales pueden ser los productos asociados al aseo personal: gel, jabón, papel higiénico, toalla, peine, esponja, cepillo de dientes, pasta dentífrica, pañales, champú, compresas, etc.

Procedimentales

Se perfilan como un cúmulo de acciones ordenadas y orientadas a la consecución de un fin. Precisan de una reiteración de acciones que lleven al dominio de la habilidad o hábito del que es objeto de aprendizaje.

Los procedimientos no todos presentan la misma dificultad para conseguir su dominio. El tiempo de adquisición varía porque algunos son más sencillos que otros.

Los contenidos procedimentales se clasifican en: generales, algorítmicos y heurísticos.

Generales

Se tratan de los comunes en todas las áreas:

- Procedimientos para la búsqueda de información.
- Procedimientos para procesar la información obtenida.
- Procedimientos para la comunicación de información.

Por ejemplo: análisis, realización de tablas, gráficas, clasificaciones, elaboración de informes, etc.

Algorítmicos

Designan el número y el orden de etapas que han de darse para solventar un problema. Siempre que se den los pasos previstos y en el orden establecido, los resultados serán los mismos.

Por ejemplo: control corporal respecto al acto de defecar y miccionar.

Heurísticos

Son relativos al contexto, esto significa que no son ajustables de forma automática y siempre de la misma manera (diferentes de los algorítmicos) a la solución de un problema.

Por ejemplo: la interpretación de órdenes.

Para delimitar contenidos procedimentales hay que plantearse:

- ¿Qué objetivos procedimentales se quieren incluir?
- ¿Qué tipo de premisas de aprendizaje implica lo elegido?
- ¿En qué sitio del recorrido de ese procedimiento se encuentra el alumnado?
- ¿Qué tipo de adaptaciones se deben hacer en todo lo anterior?

Es necesario redactarlos incluyendo el sustantivo, referido al contenido conceptual.

Actitudinales

Las actitudes son experiencias subjetivas, internas, que implican valorar situaciones o cosas, y manifestar juicios de valor sobre ellas, como: abarca respetar, interesarse, valorar, escuchar, dialogar, entusiasmarse, cumplir pautas, involucrarse, tener predisposición, solidarizarse y cooperar... Por lo tanto, los contenidos actitudinales son comportamientos, valores, formas de ser y de relacionarse y normas establecidas.

Los tipos de contenidos actitudinales son:

- **Generales:** están presentes en todas las áreas.
- **Específicos:** concernientes a ciertas áreas en concreto.

> Para establecer los contenidos actitudinales se debe preguntar:
>
> - ¿Qué actitudes se quieren promover?
> - ¿Se adaptan a los valores que pretende trasmitir el estilo de enseñanza-aprendizaje?
> - ¿Se adecúan a las características psicoevolutivas del alumnado?

Actividades

8. Elabore un cuadro sinóptico con los tipos y subtipos de contenidos.

2.3. Actividades

Las actividades se definen como "un conjunto de acciones planificadas ejecutadas por alumnos y alumnas y por docentes, en el aula o fuera de ella, de carácter individual o grupal, que tienen como propósito lograr las finalidades y los objetivos de la enseñanza".

Para diseñarlas se tendrán en cuenta los criterios siguientes:

- Serán motivadoras para el alumnado, que capten su interés e implicación en el curso de las mismas.
- Estar lo más ajustadas posible a la/las conductas perseguidas.
- Deberán permitir varios grados de dificultad y profundización con la intención de satisfacer al principio de individualización de la enseñanza y atender a la diversidad.
- Ser representativas, para que con el mínimo de actividades se consigan los efectos deseados.
- Sería adecuado que tuvieran un carácter lúdico y recreativo.
- Deberían permitir su extensión a distintos contextos asociados a la vida cotidiana del alumnado para posibilitar la generalización de los aprendizajes obtenidos.

Las actividades se tienen que secuenciar, además de establecer una temporalización de habilidades y hábitos que se van a trabajar en el programa.

La actuación educativa dentro del programa se dará en contextos naturales, sin necesidad de introducir situaciones artificiales, donde el alumnado aprenderá los hábitos y habilidades de autonomía e higiene personal en el aseo de forma natural.

Las actividades deberán contar con un ambiente motivante. En estos casos se trata de aprender ante necesidades básicas de la vida diaria, con lo cual se tiene garantizada la espontaneidad y generalización de lo aprendido.

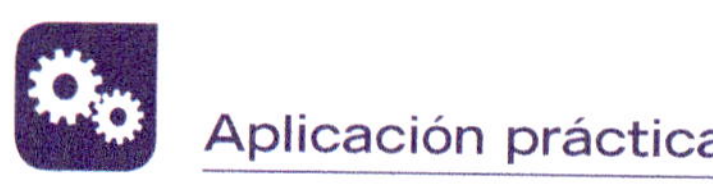

Planifique una actividad para estimular el hábito de despedirse cuando se marchan del aula, en un grupo de niños/as con síndrome de Down.

SOLUCIÓN

En un primer momento se debe establecer un ambiente relajado, sin prisas, donde los/as niños/as se muestren receptivos y no existan distracciones: se dispondrán en círculo para que todos/as se puedan observar y el/la educador/a se sitúa en medio.

Se enseñará paso a paso lo que se pretende que aprendan, aunque parezca sencillo hay que desmenuzarlo en pequeños pasitos, que deben enseñarse poco a poco. Se premiará al niño/a con alabanzas cada vez que consiga alcanzar alguno de ellos. Se empezará con la secuencia: "Han venido los padres de Pepito a recogerlo y se tiene que marchar de la clase. Cuando tenga todas sus cosas listas, se dirigirá a todos sus compañeros/as (asegurándose de que todos están pendientes de él) y se despedirá verbalmente con un "¡adiós!" y gestualmente agitando la mano. Esperará a que sus compañeros le respondan de la misma manera y se marchará".

Una técnica es que el/la educador/a realice todos los pasos excepto el último, invitando a que sean los/as niños/as los que los hagan, de forma que sean ellos quienes terminen la tarea.

A medida que aprenden los pasitos, el/la educador/a va haciendo menos, hasta que es el/la niño/a el que hace la tarea por completo. Otra forma sería actuando el educador como modelo, y el/la niño/a va imitando cada etapa, con ayuda si fuera necesario.

2.4. Metodología

La metodología en Educación se trata de "métodos, recursos y formas de enseñanza que ayudan al éxito en el proceso de enseñanza-aprendizaje, que en este caso es la adquisición de los conocimientos y destrezas necesarias para aprender, progresar y conocer formas para aumentar la adquisición de estos conocimientos y destrezas".

La acción educativa tiene que ajustarse a las características y actividad mental del alumno/alumna, esto precisa poner en juego distintas estrategias de intervención en relación a las capacidades del alumnado y de la naturaleza y complejidad de las diversas tareas que se les propondrán.

Las propuestas metodológicas se adaptarán de forma práctica a las condiciones, necesidades y estilos de aprendizaje de cada alumno y alumna. Desde esta óptica, las técnicas y estrategias que se usarán serán múltiples.

Los principios metodológicos que regirán la intervención serían:

- Concepción amplia de la enseñanza, procurando un **aprendizaje integral del alumnado**.
- Respeto del **Principio de Individualización** de la intervención, teniendo en cuenta las características personales de cada alumno/alumna, adaptando el proceso de enseñanza a sus peculiaridades y considerando los diversos ritmos de aprendizaje.
- Se desarrollarán las actividades del programa vinculándolas con la vida cotidiana del alumnado, procurando así la **generalización** de las habilidades aprendidas a diferentes contextos: escolar, familiar, social...
- Importancia de la **globalización** como elemento fundamental para la adquisición de pautas de higiene y aseo.

2.5. Materiales y otros recursos

Los recursos materiales son aquellos con los que el alumnado opera o sobre los que el alumnado actúa y que están adaptados para obtener los objetivos establecidos.

Los materiales se clasifican según la discapacidad del alumnado y en función a los fines que se quieran alcanzar.

En todo programa educativo se ha de incorporar un conjunto de materiales y recursos que, además de ser educativos, deben ser considerados como suficientes, adecuados y eficaces para el logro de los objetivos establecidos.

Por último, resaltar que también existen recursos personales referidos a las personas que intervienen en el proceso educativo del alumno y alumna.

Actividades

9. Elabore un esquema clarificador con los criterios que se deben seguir para perfilar las actividades de un programa educativo.
10. ¿Se pueden plantear actividades grupales para conseguir aprendizajes individuales? Razone su respuesta.
11. Planifique una actividad grupal para establecer en un niño/a con déficit de atención el hábito de saludar por las mañanas.
12. Elabore un esquema conceptual con los pasos para diseñar un programa de autonomía e higiene en el aseo para el alumnado con necesidades educativas especiales.

2.6. Criterios de Evaluación

En la evaluación del programa educativo que se implementará se deben tener en cuenta cuatro componentes básicos:

- Los contenidos a evaluar.
- La información a recoger, que debe ser «técnicamente diseñada y sistemáticamente recogida y organizada». La información es la raíz de la evaluación. En base a esto, se tendrá en cuenta cuántos instrumentos, técnicas y fuentes sean precisas evitando todo sesgo posible. Este matiz debe cuidarse cuidadosamente si no se quiere caer en un riesgo perjudicial: el de que la información recogida pueda llegar a desvirtuar los objetivos propuestos, los cuales deben ser los elementos rectores, tanto del proceso educativo como en la evaluación. Por otra parte, la información se organizará para que ayude de forma eficaz a los propósitos de la evaluación.
- La valoración de la información, donde se distinguen los criterios, aplicados a los diversos elementos de información. Los criterios pueden ser los de exactitud, precisión, claridad, profundidad, variedad...
- La finalidad: apoyar la toma de decisiones de mejora.

El proceso evaluador será sistemático con una recogida de información no improvisada, necesitada de organizar sus elementos, sistematizar sus fases, temporalizar sus secuencias, proveer los recursos, construir o seleccionar los instrumentos, etc.

También requerirá un juicio de valor, significando que no es suficiente extraer sistemáticamente la información, sino que esta ha de valorarse y explicarse. Hay que tener en cuenta que la adjudicación de un valor no significa tomar decisiones.

Por último habría que resaltar que la evaluación tiene que estar orientada hacia la toma de decisiones para la mejora de la práctica.

Por consiguiente un criterio de evaluación se define como:

"Una selección de las capacidades consideradas como básicas (de las expresadas en los objetivos) y de los contenidos que contribuyen a desarrollar dichas capacidades. Es decir son indicadores de la efectividad los aprendizajes".

Importante

Merece la pena insistir en que los criterios de evaluación deben derivar, de modo coherente y armónico, de los objetivos establecidos en el programa; los riesgos que se derivan de no cumplirse tal exigencia desvirtuarían estos objetivos.

Las características más relevantes de los criterios de evaluación son las siguientes:

- Son orientadores, ya que establecen el tipo (capacidad) y grado (nivel de exigencia/profundidad) del aprendizaje, respecto a los contenidos planificados.
- Son prescriptivos.

- Regulan una fase concreta del proceso de enseñanza y deben ser manifiestos porque tienen que ser informados.
- Los contenidos propuestos son el referente para su formulación.

3. Prevención de riesgos

Para el correcto desarrollo de un Programa de Higiene y Aseo personal, hay que conocer los trastornos, enfermedades o discapacidades más importantes que pueden padecer los/as alumnos y alumnas para prevenir riesgos; estas se detallan a continuación.

3.1. Enfermedades respiratorias

Las enfermedades respiratorias son aquellas infecciones que se producen desde la nariz hasta los pulmones. Habitualmente son ocasionadas por microorganismos o sustancias tóxicas ambientales, es decir, microbios que están en el ambiente. También es posible el contagio de enfermedades respiratorias mediante la saliva o el moco que una persona enferma arroja al toser, hablar o estornudar.

Las características más relevantes son las siguientes:

- Resultan la primera causa de consulta y ausencia laboral entre las enfermedades infecciosas.
- Llegan a ser muy graves solo en algunos casos.
- Son más frecuentes durante la época de frío.
- De duración corta.
- Se considera una de las cinco causas principales de muerte en el país, durante el invierno.
- Son fáciles de controlar si se atienden debidamente.

En cuanto a las enfermedades respiratorias más comunes se pueden mencionar: resfriado, amigdalitis, rinofaringitis, asma, bronquitis, pulmonía, otitis y tuberculosis.

Resfriado

El resfriado es una enfermedad respiratoria infecciosa leve, producida por rinovirus y coronavirus. De entre los síntomas principales se destacarán la congestión nasal, los estornudos, cansancio, ojos llorosos, presencia de flema, dolor de cabeza y tos. Es de las enfermedades más cotidianas y suele tener una duración de entre tres y diez días, generalmente.

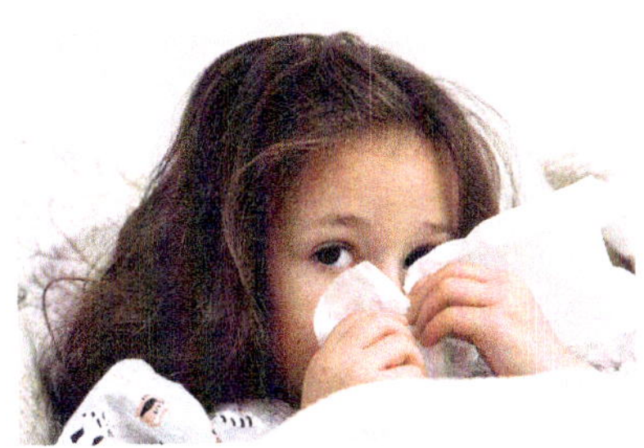

El resfriado provoca congestión nasal entre otros síntomas.

Nota

Además, es fundamental realizar lavados nasales para prevenir que la infección continúe bajando hacia las vías respiratorias inferiores, a la vez que se eliminan secreciones.

Amigdalitis

La amigdalitis consiste en el engrosamiento e inflamación de las amígdalas. Pueden adquirir un color rojizo, así como que se pueden recubrir de una capa de infecciones de color gris, blanco o amarillo. El tratamiento que reciba cada persona lo administrará el médico, dependiendo de si es una amigdalitis ocasionada por un virus o por bacterias.

Los síntomas de esta enfermedad son: fiebre, dolor de garganta, problemas al respirar e inflamación de los ganglios linfáticos del cuello, ulceración, congestión nasal, aparición de zonas blancas o amarillas en las amígdalas, tos, dolor de cabeza, oídos y ojos.

Las amígdalas se inflaman y engrosan en esta enfermedad

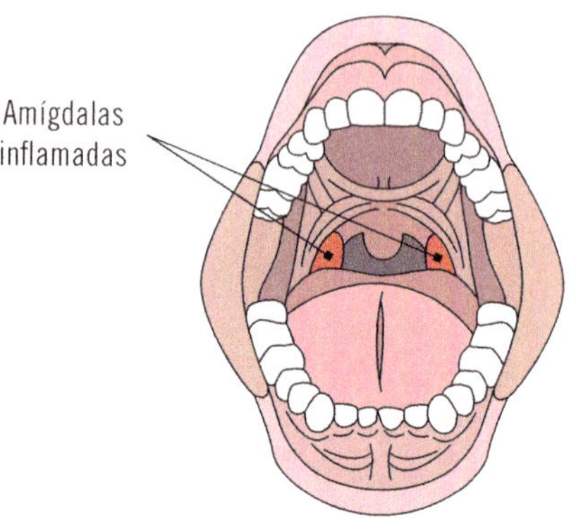

Rinofaringitis

La rinofaringitis es una enfermedad infecciosa del aparato respiratorio. Suele confundirse con los catarros normales, aunque la diferencia es que con la rinofaringitis se inflaman las vías aéreas más y el tiempo de recuperación es más que cuando se padece una gripe normal.

Los síntomas serían: intenso dolor de garganta, falta de energía en el cuerpo, congestión nasal, dolor en todo el cuerpo, fiebre, irritación de los ojos y afonía.

La rinofaringitis suele confundirse con un catarro normal, aunque las vías aéreas se inflaman más

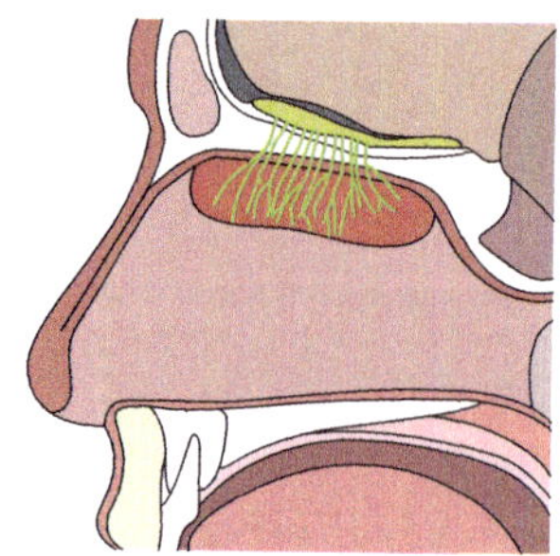

Asma

Este trastorno produce que las vías respiratorias se hinchen y se estrechen, manifestando sibilancias, tos, dificultad para respirar y dolor en el pecho. Los desencadenantes del asma son: estrés, animales, cambios climáticos, sustancias químicas ambientales o en los alimentos, infecciones respiratorias, ejercicios físicos, polen, polvo y humo del tabaco.

El asma provoca los siguientes síntomas: tos, retracción de la piel entre las costillas al respirar, dificultad al respirar, sibilancias. Hay dos clases básicas de medicamentos: los que se utilizan para prevenir los ataques, y los de alivio rápido durante los ataques, como los inhaladores.

Los inhaladores alivian rápidamente las crisis asmáticas.

Bronquitis

La bronquitis consiste en la inflamación de los conductos bronquiales. Es decir, esos "tubos" que conectan tráquea y pulmones se inflaman y se llenan de mucosidad, no dejando que el aire circule con normalidad, lo que provoca dificultad para respirar y las típicas sibilancias, conocidas como "pitidos", al respirar. Los síntomas que la provocan son: respiración dificultosa, tos con mucosidad, jadeo y presión en el pecho.

La bronquitis se clasifica en dos tipos: aguda y crónica.

A quien padece bronquitis se le inflaman los conductos bronquiales

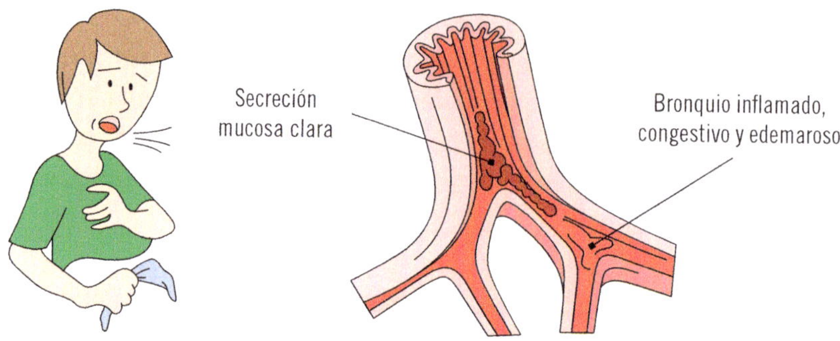

Pulmonía

Cuando se padece pulmonía se ocasiona la inflamación del pulmón. Es una de las enfermedades respiratorias con más gravedad.

Los principales síntomas son: tos, dificultad respiratoria, dolor pectoral y dolores musculares, flema (puede contener sangre).

Generalmente se recomienda tratamiento con antibióticos y reposo.

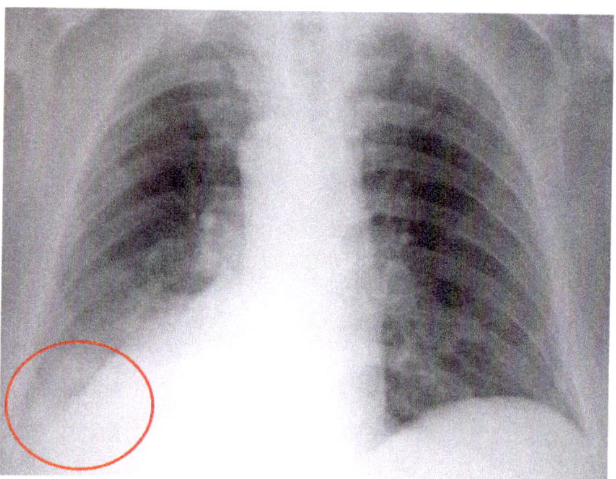

Mediante una radiografía se detecta la inflamación de pulmón causada por la pulmonía.

Otitis

La otitis es una infección que se manifiesta en la piel y en los tejidos blandos del conducto auditivo externo lindando con el pabellón auricular. Los síntomas más característicos de la otitis son: dificultad de escuchar, inflamación, dolor intenso, infecciones virales y fiebre. Se administra tratamiento con antibióticos y analgésicos.

La otitis es una infección del conducto auditivo externo próximo al pabellón auricular

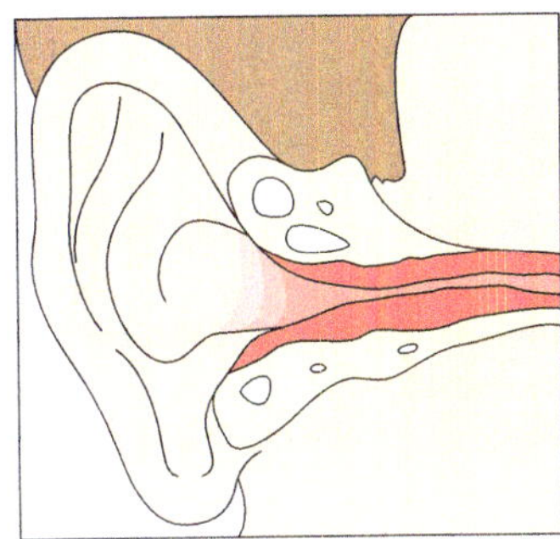

Tuberculosis

Es una enfermedad muy contagiosa infecciosa bacteriana. La especie de bacteria más representativa que la produce es Bacilo de Koch (*Mycobacterium Tuberculosis).* Predominantemente afecta a los pulmones pero puede llegar a afectar a otros órganos como el sistema nervioso central, el sistema linfático, el sistema circulatorio, el sistema genitourinario, el aparato digestivo, los huesos, las articulaciones e incluso la piel.

La enfermedad se propaga por vía aérea por secreciones de tos o estornudos.

Sus síntomas suelen ser: pérdida de peso, tos débil persistente llegando a ser crónica, fiebre, cansancio, sudores nocturnos y pérdida del apetito.

Para tratarla resulta complicado, se requieren largos periodos de exposición con varios fármacos.

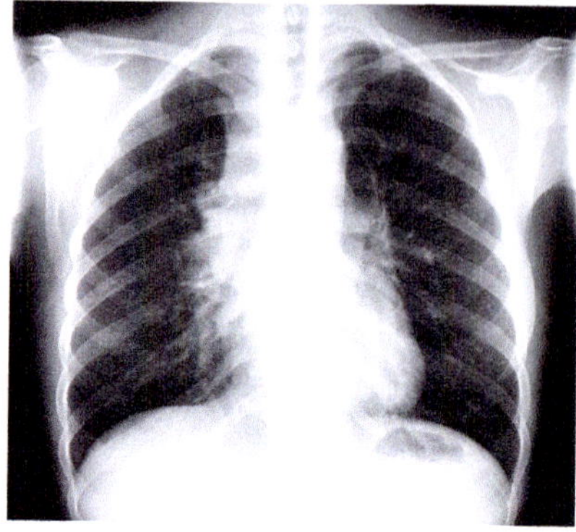

La tuberculosis afecta primordialmente a los pulmones.

Aplicación práctica

¿Qué procedimiento, relativo a la higiene y el aseo, enseñaría al alumnado para mejorar su calidad de vida estando resfriados?

SOLUCIÓN

Es muy importante enseñar al niño/a que esté resfriado a sonarse la nariz. Hay que asegurarse que es capaz de aprender a hacerlo. El aprendizaje de este hábito le va a servir al niño/a para favorecer la eliminación de las secreciones y producir estornudos. Los niños/as resfriados tienen dificultades para comer y dormir, por lo que puede afectar a su estado de ánimo, de ahí que resulta fundamental que sepan sonarse la nariz por sí solos.

Hay que explicarles que siempre se debe usar un pañuelo, pero cada uno el suyo para evitar contagios. No obstante, se puede aprovechar el resfriado de algún niño para hacer el aprendizaje extensivo a todo el grupo.

Además, es fundamental realizar lavados nasales para prevenir que la infección continúe bajando hacia las vías respiratorias inferiores, a la vez que se eliminan secreciones.

Actividades

13. ¿Qué hay de cierto en la siguiente afirmación "cuando un niño o niña padece bronquitis es perjudicial que beba mucha agua para su recuperación"? Explíquelo.
14. La especie bacteriana más importante que ocasiona la tuberculosis se denomina *Mycobacterium Tuberculosis*, ¿qué otro nombre recibe?

3.2. Disfonías

La disfonía se refiere a cualquier trastorno que lleva consigo una pérdida de la voz. Con motivo de una pérdida de aire, la voz cambia su timbre. Puede presentar pérdida de la voz o fases de afonía. La naturaleza del trastorno es un sobreesfuerzo de las cuerdas vocales prolongado.

Aplicación práctica

Es docente de una clase donde hay una niña que padece un disfonía, ¿qué precauciones tendría que llevar a cabo para que no afecte a su aprendizaje de la secuencia de lavado de dientes?

SOLUCIÓN

Antes de nada, se debería explicar a los demás alumnos/as por qué esta niña habla bajito o no emite sonidos, aunque tenga el movimiento y la intención de hablar, para evitar que esta niña sienta herida su autoestima.

A continuación, se debería explicar la secuencia del hábito a enseñar: se cogen los utensilios necesarios, se abre el tubo de pasta de dientes, se echa una pequeña cantidad en el cepillo... así sucesivamente. La voz debe ser regulada y suave, moviendo bien los labios y articulando adecuadamente. Se transmitirá a los alumnos/as la importancia de una correcta respiración libre.

Continúa en página siguiente >>

<< Viene de página anterior

En cada explicación, se debe procurar que la niña entienda las instrucciones y las repita gestualmente, mientras los demás las van relatando. Es fundamental que respeten el turno de palabra y no hablar alto mientras otros/as lo hacen.

3.3. Irritación ocular

La infección o inflamación en los ojos provoca su enrojecimiento debido a que los vasos sanguíneos se hinchan y dilatan, produciendo que la superficie ocular luzca roja y/o inyectada en sangre.

Los síntomas más significativos son: secreción, picazón, dolor y problemas de visión.

Se destacarán las siguientes afecciones de irritación ocular más frecuentes: blefaritis, conjuntivitis, úlceras corneales y uveítis.

Blefaritis

Es la inflamación de los folículos de las pestañas a lo largo del párpado producida por bacterias de la piel. Puede aparecer picazón en los párpados y mostrar un aspecto grasoso o con costra.

Conjuntivitis

La conjuntivitis es la inflamación o infección de la conjuntiva (membrana que envuelve a los párpados y recubre la superficie del ojo).

Entre los principales síntomas se encuentran: enrojecimiento e hinchazón en los ojos, picazón, dolor y lagrimeo.

A menudo es ocasionada por un virus, bacterias, alergia o irritación. Si es causada por un microorganismo es contagiosa en un porcentaje alto. Casi en todos los casos se le denomina **conjuntivitis aguda.**

Úlceras corneales

Las úlceras corneales suelen ser debidas a una infección bacteriana o viral. Se manifiestan en la cubierta externa del ojo.

Uveítis

Esta afección presenta la inflamación de la úvea comprendiendo el iris, el cuerpo ciliar y las coroides. Frecuentemente suele estar relacionado con una infección, un trastorno autoinmunitario o una exposición a toxinas.

El enrojecimiento de los ojos provoca irritación ocular debido a una inflamación o infección.

3.4. Alteraciones de la piel

La piel es uno de los tejidos más importantes del organismo humano. En bastantes casos refleja patologías internas que se expresan en el exterior como síntomas y signos. Por tanto, las alteraciones de la piel se dividen en dos bloques: alteraciones de la piel que son signos de otras enfermedades y alteraciones de la piel que son señales de procesos cutáneos.

Alteraciones de la piel que son signos de otras enfermedades

Bastantes alteraciones de la piel no están relacionadas con la salud de ella, sino que son síntomas alarmantes que manifiestan que algo está pasando en el organismo interiormente, pudiendo influir a todo el sistema o solo a un órgano.

Dichas alteraciones pueden ser: cambio de color, cambio en la morfología y aparición de lesiones.

Cambio de color

Las alteraciones de la piel donde luce amarillenta se denominan **ictericia,** lo que puede mostrar una obturación en las vías biliares.

Cuando el color es azulado e intenso en los dedos y uñas, manifiesta una **insuficiencia cardiocirculatoria** o una **cianosis** por insuficiencia respiratoria.

En el caso de que la piel tenga una coloración pálida, puede indicar **anemia,** definida como un descenso considerable de glóbulos rojos en sangre.

Cambio en la morfología

Algunas alteraciones de la piel producen cambio en la morfología. La piel pálida y húmeda puede derivar en un proceso de shock, con la frecuencia cardíaca aumentada y la tensión arterial disminuida.

Por otra parte, puede ocurrir lo contrario, que un estado de deshidratación o falta de vitamina A o de hipotiroidismo se traduzca en sequedad de la superficie cutánea.

Aparición de lesiones

La existencia de manchas oscuras pueden indicar que se padece o bien un **hematoma traumático** causado por un golpe o bien un **hematoma espontáneo** que suelen ser manifestación de algunas enfermedades sistémicas que afectan a la coagulación sanguínea.

La aparición de **exantemas** (lesiones rojizas y con erupción en la piel), puede ser señal de alarma para el diagnóstico de sarampión, rubeola, escarlatina o sífilis secundaria (enfermedades infectocontagiosas).

Los exantemas pueden indicar el padecimiento de una alergia generalizada. Los alérgenos suelen ser sustancias químicas, alimentos, medicamentos, etc.

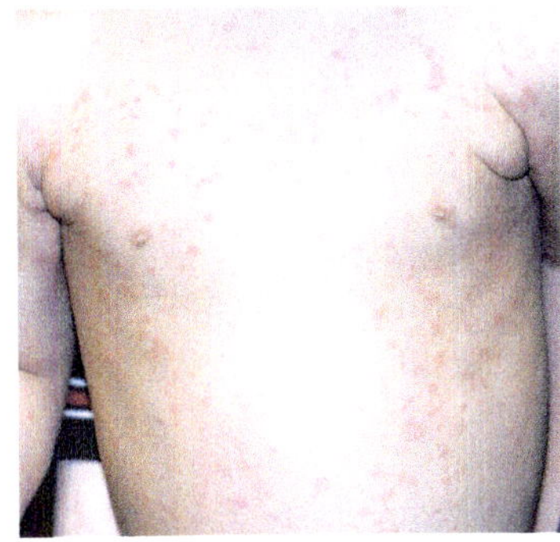

Exantema por sarampión

Alteraciones de la piel que son señales de procesos cutáneos

Las alteraciones de piel que son signos de procesos cutáneos están estrechamente ligadas principalmente a agentes ambientales, a la naturaleza genética y la alimentación.

Una de las circunstancias medioambientales más relevantes es la exposición al sol. Los pigmentos innatos protegen de las alteraciones posibles de la piel provocadas por los rayos solares.

Las personas más receptivas a padecer este tipo de alteraciones son las que poseen ojos azules y la piel clara porque su piel envejece más fácilmente que las personas de piel con tono más oscuro.

Envejecimiento de la piel

El envejecimiento de la piel comprende la flaccidez, aparición de arrugas y el afloramiento de canas como efecto del paso de los años.

El envejecimiento cutáneo sigue el siguiente mecanismo fisiopatológico: la epidermis (capa externa de la piel) va afinándose aunque no haya alteración en el número de capas celulares. Los melanocitos (pigmentos) se reducen por lo que los restantes engrosan su tamaño. Como consecuencia la piel envejecida es más fina, más pálida y translúcida.

Nevus

Los nevus son manchas hiperpigmentadas con coloración negruzca o marrón, que aparecen en la piel.

En la gran mayoría de los casos se presentan a lo largo de la vida, no obstante otras están desde el nacimiento.

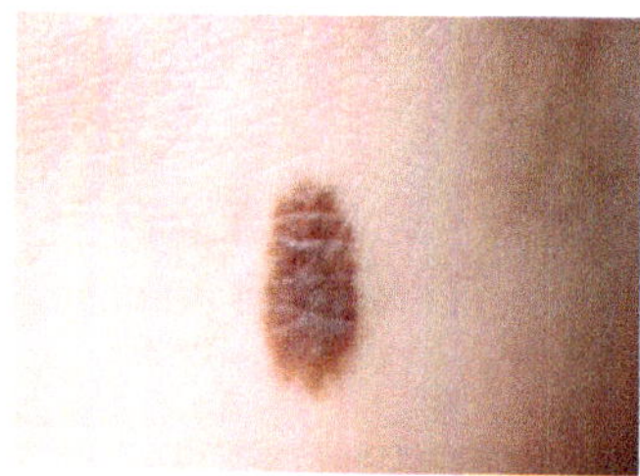

Nevus de nacimiento

Manchas de la piel

Pueden ser por un lado **manchas seniles** grandes hiperpigmentadas, por otro existen otras llamadas **lentigos** que suelen aparecer en las áreas expuestas al sol aunque no siempre. Se encuentran estos tipos:

- Simples (que aparecen en la infancia).
- Solares (relacionados con la exposición al sol).
- Malignos (en forma de melanomas).

Las lesiones del tejido conjuntivo restan resistencia y elasticidad a la piel y se manifiesta en las zonas expuestas a los rayos solares. Este proceso produce en la piel un aspecto más oscuro, endurecida por la intemperie y es habitual en personas que trabajan en zonas rurales, al aire libre o que son marineros.

Patologías específicas de la piel

Hay diferentes enfermedades que producen alteraciones de la piel con características específicas.

Vitíligo

El vitíligo son manchas en la superficie cutánea de color blancuzco. Es una enfermedad degenerativa en la que se destruyen los melanocitos (responsables del color de la piel). Las manchas pueden aparecer en todas las partes del cuerpo, además de en la mucosa de nariz y/o boca.

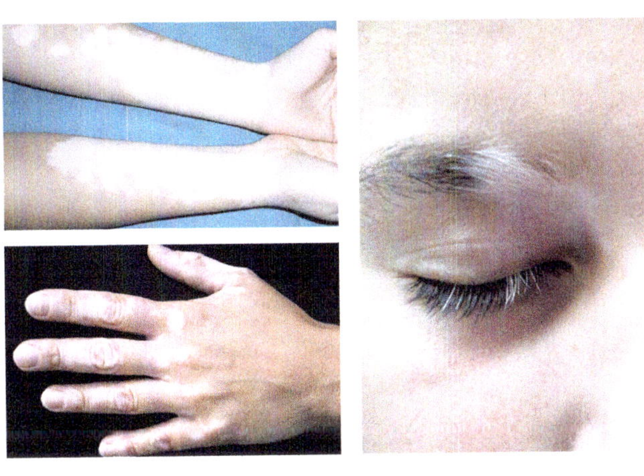

Vitíligo

Psoriasis

La psoriasis se manifiesta mediante lesiones escamosas y engrosadas en la superficie cutánea. De morfología desecada y focalizadas generalmente en codo, cuero cabelludo, abdomen, rodillas y espalda.

Es una enfermedad inflamatoria y crónica llegando a poder ser hereditaria, en algunos casos.

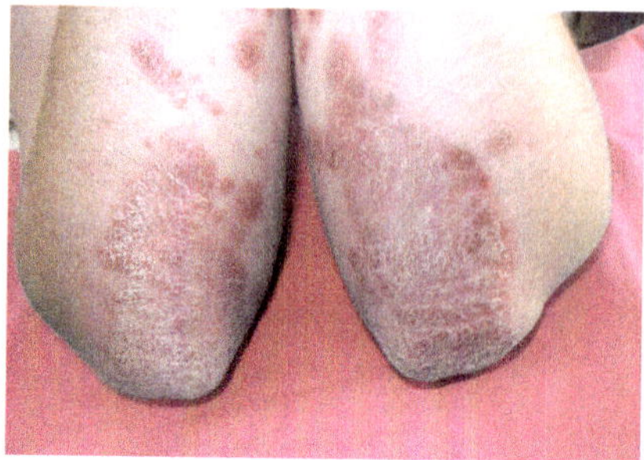

Psoriasis en los codos

Acné

Se trata de una enfermedad inflamatoria en la piel que implica al folículo piloso y a las glándulas sebáceas. Se caracteriza por la formación de pápulas, comedones, nódulos, pústulas y cicatrices. Principalmente se localizan en la parte superior del tronco y en la cara.

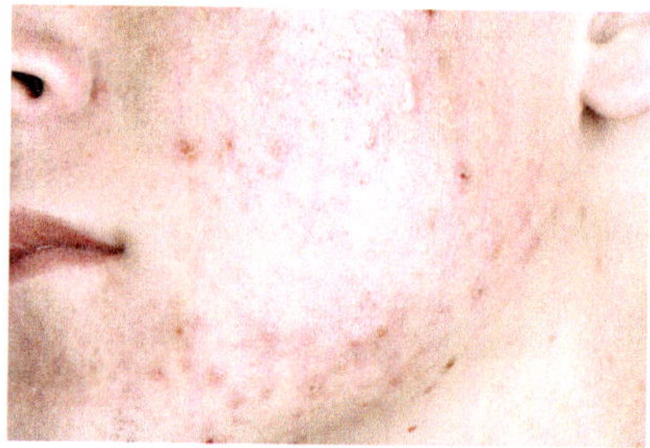

Acné

Verrugas

Estas lesiones se presentan en formas variables y suelen ser ocasionadas por el virus del papiloma humano.

Las verrugas tienen su propio sistema de irrigación sanguínea que causan sangramientos abundantes cuando su extracción es por medios no clínicos, además pueden regenerarse con mayor virulencia.

Pueden aparecer en cualquier zona del cuerpo.

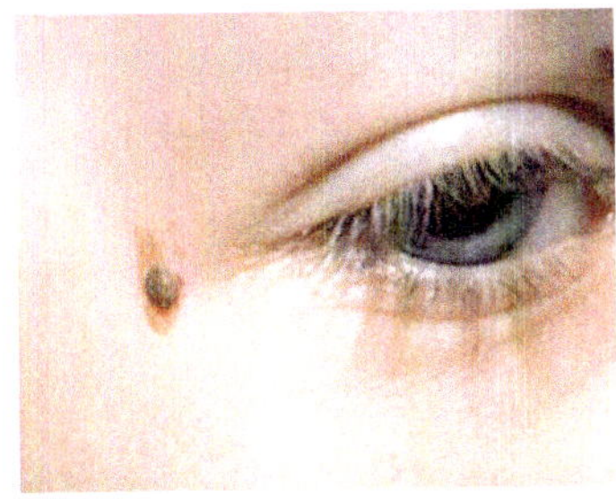

Verruga

Eczema

Los eczemas son afecciones dermatológicas caracterizadas por una inflamación que manifiesta lesiones tales como: eritema, vesículas, pápulas y exudación.

Provocan un enrojecimiento del área afectada y una fuerte picazón posteriormente; puede extenderse fácil y rápidamente a otros sectores corporales.

Los eczemas pueden ser: atópicos, seborreicos y de contacto. Frecuentemente se manifiesta como reacción alérgica.

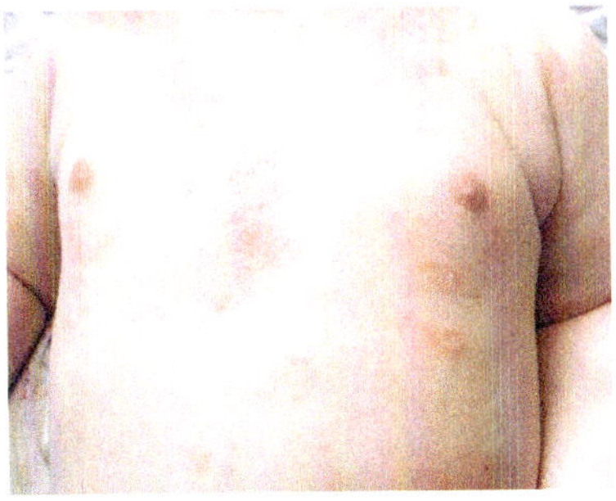

Eczema en un bebé

Cicatrices

Una cicatriz es una lesión permanente del aspecto dérmico que aparece seguida al daño, supone una reparación del colágeno de la piel.

Cáncer de piel

- El carcinoma de células escamosas.
- El carcinoma basocelular.
- El melanoma (más grave).

El segundo tipo tiene bastantes posibilidades de curación.

Dermatitis

Se trata de un proceso inflamatorio dérmico. Las causas pueden ser distintas noxas: físicas, químicas y bacterianas.

Los tipos de dermatitis principales son:

- **Por contacto:** es provocada por el contacto con ácidos, jabones, detergentes, suavizantes, disolventes u otros químicos. El aspecto es similar al de una quemadura. También se puede dar a causa de la exposición a una sustancia o material al que se tenga alergia.
- **Seborreica:** es una afección dérmica inflamatoria. Se crean escamas blanquecinas y amarillas en las zonas con más grasa como el cuero cabelludo o en el interior del oído. Puede mostrarse con enrojecimiento cutáneo o sin él.
  Cuando ocurre en el cuero cabelludo de los bebés se denomina costra láctea.
- **Atópica:** se produce una reacción parecida a una alergia en la piel, con hinchazón y enrojecimiento. Las personas que la sufren suelen ser más sensibles porque su piel carece de algunas proteínas.
  Comúnmente la padecen los bebés. La mayoría de las personas lo superan en la vida adulta.

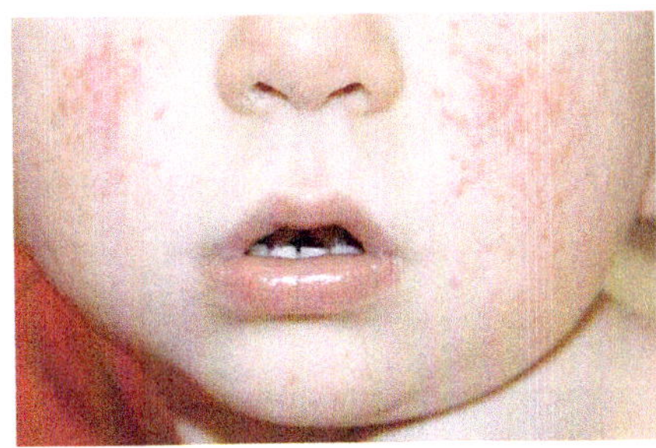

Dermatitis atópica en un niño

Quemaduras

Pueden estar motivadas por los rayos del sol o por elementos térmicos o por la acción del fuego. En el tercer caso suelen dejar secuelas con acentuadas cicatrices.

Existen tres niveles de quemaduras:

- **Quemaduras de primer grado:** solo afectan a la capa externa de la piel. Causan dolor, enrojecimiento e hinchazón.
- **Quemaduras de segundo grado:** afectan tanto a la capa externa como a la capa subyacente de la piel. Causan dolor, enrojecimiento, hinchazón y ampollas. También son llamadas quemaduras de espesor parcial.
- **Quemaduras de tercer grado:** afectan a la capa profunda de la piel. Son llamadas quemaduras de espesor total. Causan piel blanquecina, oscura y quemada. La piel puede estar adormecida.

Actividades

15. Si un alumno o alumna padece conjuntivitis, ¿qué medidas de prevención se usarían para evitar el contagio a otros sujetos?
16. ¿Qué diferencias hay entre un nevus y un exantema?

3.5. Gripe, procesos catarrales

La gripe es una infección de la nariz, la garganta y los pulmones que se contagia con rapidez. La provoca el virus de la influenza.

La influenza se contagia mediante las secreciones de tos y estornudos.

Los síntomas más relevantes del virus de la influenza son: escalofríos, fiebre, malestar general, cefalea, tos intensa, náuseas y vómitos, dolor de garganta, congestión nasal, dolores por todo el cuerpo, mareos, decaimiento, escalofríos, rubefacción de la cara y dolor localizado en la cabeza.

Existen varios tipos de gripe: la de tipo A normalmente llega entre principios del invierno y de la primavera y la gripe de tipo B se puede manifestar en cualquier época del año. Otro tipo en el HIN1, o gripe porcina.

La gripe se contrae cuando se respiran gotitas provenientes de la tos o los estornudos de alguna persona contagiada, es de fácil contagio.

La fiebre es uno de los síntomas más característicos de la gripe. En los niños y niñas suele ser más alta que en los adultos.

Es una enfermedad altamente contagiosa y viral. El contagio se produce por contacto directo con las secreciones de tos o estornudos. No existe un tratamiento concreto para el virus de la influenza, por lo tanto, la curación dependerá de la persona y sobre todo del tipo de influenza que le haya sido diagnosticada.

3.6. Problemas de circulación

El sistema vascular está comprendido por una red de vasos sanguíneos en el cuerpo denominados: arterias, venas y capilares. Son los encargados de trasladar a la sangre desde y hasta el corazón.

Los problemas del aparato circulatorio son comunes y pueden llegar a ser graves. Suelen presentarse con un debilitamiento concreto de la circulación y con una disminución de la presión sanguínea.

De entre los problemas circulatorios más destacados se hayan: arterioesclerosis, enfermedad de las arterias coronarias, infarto o angina de pecho y hemorragia cerebral.

Arterioesclerosis

Problema en el que las arterias pueden engrosarse y sufrir rigidez. Aparecen placas de colesterol, grasa, calcio y ateromas (otras sustancias) situadas internamente en las paredes de las arterias, provocando una reducción o una interrupción la circulación de la sangre.

Diferencia entre una arteria normal y una enferma con arterioesclerosis

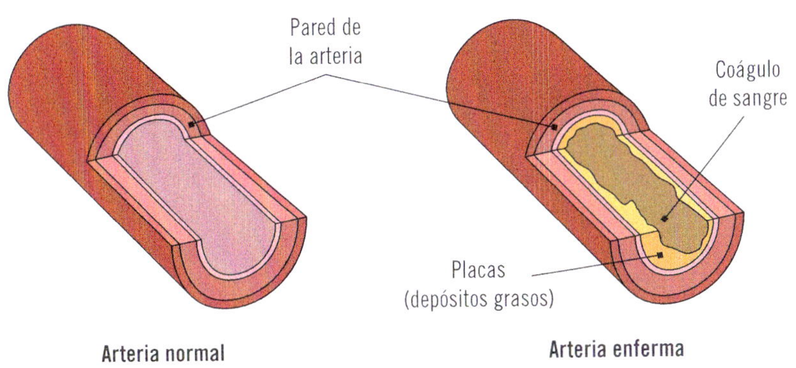

Enfermedad de las arterias coronarias

El endurecimiento de las arterias (aterosclerosis) es una enfermedad que afecta a las arterias coronarias. Es considerada la base de la enfermedad cardiovascular y se encuentra asociada a factores de riesgo cardiovasculares: exceso de colesterol, tabaco, hipertensión y diabetes.

Infarto o angina de pecho

El infarto de miocardio se produce por la oclusión de una arteria coronaria, provocada porque una placa de ateroma inflamada se fractura o se forma una fisura en su superficie. El organismo reacciona mandando plaquetas para que subsane la avería y se supere la lesión. Las plaquetas crean un trombo, produciendo a su vez que la sangre de ese sector se coagule y así se obstruya la arteria.

Puede ocurrir que el taponamiento dure únicamente unos minutos, por lo que se produce una **angina de pecho.** Se trata de la reducción de flujo de la sangre en las arterias del corazón, las cuales al no obtener oxígeno provoca un intenso dolor.

Cuando la oclusión dura media hora o más, las células que pertenecen a la arteria afectada se destruyen y desemboca en un infarto agudo de miocardio.

Infarto de miocardio

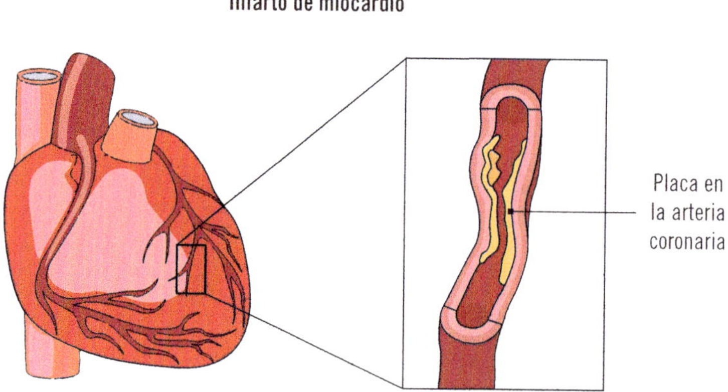

Hemorragia cerebral

La hemorragia cerebral es un derrame sanguíneo en el cerebro. El infarto cerebral se debe a una interrupción de la circulación de la sangre por el tejido cerebral.

La hemorragia cerebral se puede deber a:

- La subida de la presión arterial.
- Trastornos en la coagulación sanguínea.
- Malformación de un vaso sanguíneo.

Factores que aumentan el riesgo de padecer enfermedades cardíacas

Los factores que aumentan los riesgos de una enfermedad circulatoria serían:

- Antecedentes familiares de enfermedades vasculares o cardíacas.
- Tipo de alimentación.
- Estrés.
- Hipertensión.
- Sedentarismo.
- Diabetes.
- Niveles de colesterol (altos o bajos).
- Obesidad.

3.7. Alteraciones músculo-esqueléticas: lumbago, hernias...

El sistema músculo-esquelético está comprendido por los huesos, los músculos, articulaciones, las estructuras que facilitan el movimiento, los tendones y los ligamentos que conectan las partes del sistema.

Por lo tanto, las alteraciones musculo-esqueléticas afectan a los músculos, articulaciones, tendones, ligamentos, huesos y nervios del cuerpo.

Las principales alteraciones del sistema músculo-esquelético serían:

Problemas musculares	Síndrome de tensión, miositis, lumbago (lumbalgia), hernias, etc.
Problemas vasculares	Por vibraciones, síndrome de Raynaud, etc.
Lesiones de las articulaciones	Bursitis, osteoartitis, etc.
Lesiones de los nervios	Atrapamiento de un nervio, síndrome del Túnel Carpiano, síndrome del Canal de Guyón, etc.
Lesiones de los tendones	Tendinitis, tenosinovitis, epicondilitis, etc.

A continuación, se detallarán las patologías más destacadas dentro de las alteraciones musculo-esqueléticas.

Hernia

Una hernia es un abultamiento de la totalidad o de una parte de un órgano mediante la pared de la cavidad que generalmente lo abarca.

Se genera cuando hay una rotura o una debilidad en la pared abdominal, a raíz de una lesión, del envejecimiento, de una afección congénita o una incisión quirúrgica antigua.

Según la ubicación de la hernia existen distintos tipos: hernia femoral, hiatal, quirúrgica o incisional, de disco y umbilical.

Hernia femoral

Es un bulto en la zona superior del muslo, situado por debajo de la ingle. Es más usual en el sexo femenino que en el masculino.

Hernia femoral más frecuente en chicas que en chicos

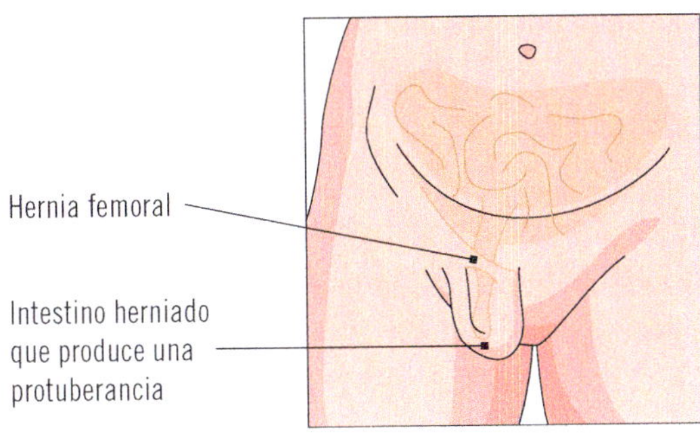

Hernia hiatal (de hiato)

Es una alteración en la que sobresale una parte del estómago dentro del tórax, a través de un orificio localizado en el diafragma que es la capa muscular que distingue el tórax del abdomen y que se usa en la respiración.

Los niños y niñas con hernia hiatal, generalmente nacen con ella (congénita) y frecuentemente ocurre con reflujo gastroesofágico en bebés.

Hernia de hiato (hiatal)

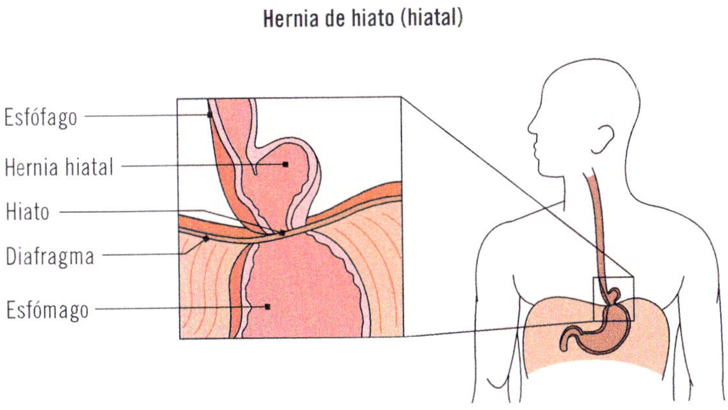

Hernia quirúrgica o incisional

Este tipo de hernia se da a consecuencia de la cicatriz de una intervención quirúrgica previa. Puede localizarse en cualquier zona del abdomen, tiempo después de la operación. Por lo tanto, cuando hay cirugía abdominal existe el riesgo de una hernia incisional o quirúrgica.

Hernia de disco (discal)

Los tejidos interóseos de la columna vertebral se llaman discos intervertebrales. Estos discos están compuestos por una parte central con una textura blanda y gelatinosa con un revestimiento sólido exterior.

El disco intervertebral forma una articulación interósea en la columna vertebral que permite el movimiento. Cuando existe un desgarro o rotura en el revestimiento exterior, el interior blando suele sobresalir por el orificio causando una hernia de disco.

Hernia umbilical

Una hernia umbilical se manifiesta como una protuberancia en el anillo umbilical que rodea el ombligo. Puede ser producida por un defecto congénito o con el tiempo, debido a la tos excesiva, la obesidad o el embarazo. Se suele dar en niños y adultos.

Hernia umbilical

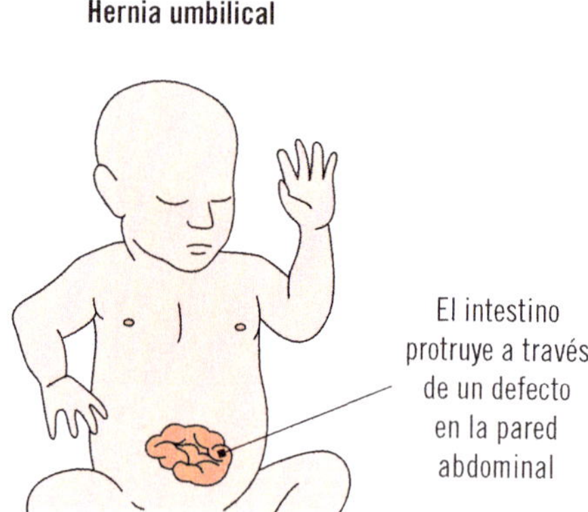

Lumbago (lumbalgia)

Se caracteriza por un dolor en la zona lumbar (parte inferior de la espalda), provocado por una afección en las vértebras lumbares y las estructuras de los tejidos blandos como nervios, músculos, discos intervertebrales y ligamentos.

Las causas más frecuentes por las que se origina el lumbago son las malas posturas y el sobreesfuerzo.

El lumbago puede ser según su duración:

- Agudo. Cuando el dolor se mantiene unos días.
- Crónico. Si el dolor persiste durante más de tres meses.

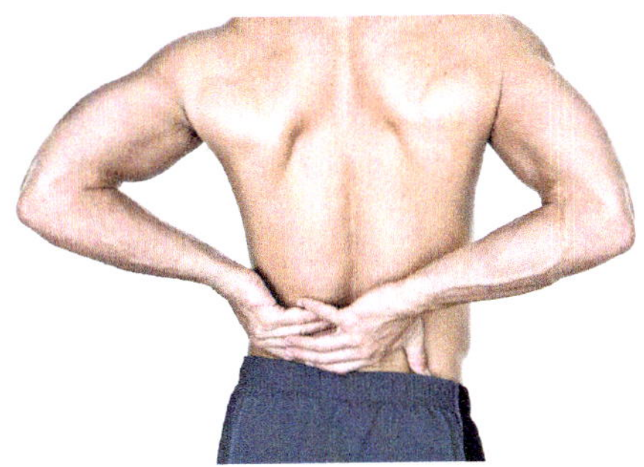

Dolor en la zona lumbar: lumbalgia (lumbago)

Y atendiendo a sus características los procesos lumbares pueden ser:

- **Lumbalgia aguda sin radiculitis.** Dolor de origen lumbar de aparición inminente. Se suele expandir por la extremidad inferior, en bastantes ocasiones no pasa de la rodilla, normalmente sin radiculitis.
- Las causas suelen ser por un esfuerzo flexo-extensor o por bien por una torsión del tronco.
- **Compresión radicular aguda.** Se trata de una inflamación de una raíz nerviosa de manera aguda. El 90 % de los casos son a consecuencia de una hernia.

- **Atrapamiento radicular (espondilosis).** Por el desarrollo de procesos degenerativos se produce una irritación de la raíz nerviosa.
- **Claudicación neurógena.** Ocurre debido a un dolor muscular de origen nervioso.

Artritis reumatoide juvenil

La artritis reumatoide juvenil es una inflamación permanente de las articulaciones (artritis) parecida a la artritis reumatoide del adulto, pero se manifiesta antes de los 16 años de edad. Las causas son desconocidas. Los factores hereditarios pueden aumentar el riesgo de padecerla.

Respecto a los síntomas, destacar que la inflamación puede afectar a varias articulaciones o a todas y se manifiesta junto con fiebre. La inflamación de algunas articulaciones aparece normalmente antes de los 4 años (en las niñas) y tras cumplir los 8 años en los niños.

Este trastorno, la artritis reumatoide juvenil, puede entorpecer el crecimiento.

Los síntomas de artritis reumatoide juvenil se disipan por completo hasta en un 75 % de los casos. El pronóstico peor lo manifiestan los niños o niñas que tienen muchas articulaciones afectadas.

3.8. Trastornos nerviosos: ansiedad, depresión...

Entre los trastornos nerviosos se encuentran los que se describen a continuación.

Ansiedad

La ansiedad es una reacción emocional común imprescindible para la supervivencia de las personas. Es un sentimiento de miedo, desasosiego y preocupación.

No obstante, las reacciones ansiosas pueden llegar a niveles altos en exceso o bien pueden ser escasamente adaptativas en algunas situaciones. Cuando esto ocurre la reacción deja de estar dentro de la normalidad y se valora patológica.

Cuando la ansiedad posee niveles altos, se clasifica en:

- Trastornos físicos
- Trastornos mentales

Entre los **trastornos físicos** que frecuentemente se atienden en las consultas médicas se sitúan los denominados trastornos psicofisiológicos:

Trastornos cardiovasculares	Enfermedad coronaria, hipertensión, arritmias...
Trastornos digestivos	Colon irritable y úlcera
Trastornos respiratorios	Asma
Trastornos dermatológicos	Psoriasis, acné, eczema...
Otros trastornos psicofisiológicos	Cefaleas tensionales, dolor crónico...

Cuando una persona padece algún trastorno crónico que amenace su calidad de vida y donde el dolor es persistente, los niveles de ansiedad suelen ser excesivamente altos. También está relacionada con desórdenes en el sistema inmune.

Los **trastornos mentales** más usuales son los **trastornos de ansiedad,** no obstante, también se encuentran niveles de ansiedad altos en otros desórdenes mentales:

Trastornos del estado de ánimo	Depresión, distimia...
Trastornos de la alimentación	Anorexia y bulimia
Trastornos del sueño	Insomnio, narcolepsia, apnea del sueño...
Trastornos del control de impulsos	Juego patológico, tricotilomanía...
Trastornos somatomorfos	Hipocondría, somatización, conversión...

Para diagnosticar estos trastornos es fundamental acudir a los criterios diagnósticos que los caracterizan y que se encuentran universalmente aceptados.

Atendiendo a la última edición del DSM V de la Asociación de Psiquiatría Americana, se clasifican los trastornos de ansiedad de la siguiente manera:

- Fobia específica
- Agorafobia
- Trastorno de pánico
- Agorafobia
- Fobia específica
- Trastorno de ansiedad social
- Trastorno de ansiedad generalizada
- Trastorno de ansiedad por separación
- Mutismo selectivo

Depresión

Es un trastorno que afecta al estado anímico de los individuos e interfiere en la vida diaria y en el desempeño de actividades normales. Causa dolor para quien lo padece y para los que le rodean que les provoca preocupación.

Este trastorno puede ser motivado por acontecimientos variados como:

- Problemas familiares.
- Por relaciones exteriores y con el mismo.

Se caracteriza por actitudes y reacciones tan diversas como la hiperactividad, aislamiento, pérdida de apetito e inestabilidad emocional, entre otras.

Importante

La depresión es una enfermedad común pero grave. Casi todos los sujetos que la padecen precisan tratamiento para mejorar.

Trastorno bipolar

El trastorno bipolar o también denominado trastorno maníaco-depresivo, se trata de un trastorno crónico cerebral que se caracteriza por episodios extremos de cambios y modificaciones en la energía, el humor, la conducta y el pensamiento.

En cuanto a los síntomas, los más destacados superficialmente son los de comportamiento, no obstante, la afección tendrá signos graves en el ámbito cognitivo, metabólico y cardíaco.

La sintomatología puede aparecer progresivamente o de repente durante cualquier etapa vital (infancia, adolescencia o adultez).

Este trastorno bipolar no incide en todos los niños y niñas de igual manera. Se resaltarían las siguientes características en un niño o niña que padezca trastorno bipolar:

- Colérico, con mal humor, enérgico, soez, irrespetuoso, irritable, amenazante.
- Explosivo afectivamente.
- Con ataques de risa descontrolados, distraído, despistado, descuidado, imprudente, irreflexivo, apresurado, con tendencia a llamar la atención.
- Exigente con él mismo, autocrítico, depresivo, triste, autodestructivo, con inclinación suicida, con propensión a autolesionarse.

Los niños o niñas con esta alteración presentarían una expresión maníaca en su cara, acompañada de un estado de ánimo irritable, con explosión de emociones, tornándose en ocasiones en forma psicótica.

Otra apreciación sería el escaso funcionamiento social, con consecuencias devastadoras para quien lo padece y para su propia familia. Muchos de los niños o niñas con trastorno bipolar manifiestan una actividad temeraria o de carácter sexual, además de un exceso de energía, poco juicio y una permanente búsqueda de emociones excitantes.

3.9. Estrés

El estrés puede aparecer en determinada situación o pensamiento que provoque sentimientos de frustración, furia o ansiedad. Se trata de una sensación normal que, en un bajo porcentaje, puede contribuir en la persona a hacer las cosas. En ocasiones de necesidad de cambio o de adaptabilidad, lleva asociada esta afección.

El estrés no incide en todas las personal igual. Hay un amplio abanico de síntomas de esta afección: dolor abdominal, frecuencia cardiaca y respiración más rápida, dolores de cabeza y dolor o tensión muscular, sudoración, temblores, mareo, sequedad en la boca, problemas para deglutir, necesidad de orinar frecuente, heces sueltas...

El estrés lo puede ocasionar una necesidad de cambio vital o el hecho de adaptarse a una situación.

Actividades

17. ¿Cuál es el primer indicio de que se está produciendo un infarto de miocardio?
18. ¿Qué recomendaciones tendrían que seguir las personas que sufren lumbalgia?
19. ¿Qué síntomas presenta un niño o niña que padece un trastorno de ansiedad por separación?

4. Ejecución: Pautas a seguir. Metodología

En cuanto a la implementación del Programa de Autonomía e Higiene personal en el Aseo de Alumnos y Alumnas con Necesidades Educativas Especiales, hay que partir de la premisa de garantizar la supervivencia personal a través de la satisfacción de las necesidades básicas, posibilitando de esta forma la mayor calidad de vida de los individuos. Los objetivos se dirigirán en esta dirección, diseñados en función al apartado relativo a ellos.

Se delimitará el conjunto de actividades primarias de la persona encaminadas a su autocuidado en el aseo, que le aporten la autonomía y la independencia básicas y que le permitan vivir sin necesitar ayuda constante de los demás.

Las áreas de aseo y vestido se trabajan conjuntamente porque están estrechamente ligadas entre sí, dado que la intervención en una de ellas influye en la otra. Contemplan aspectos tales como: ducha, lavado y cuidado del pelo, higiene dental, afeitado, depilación, vestido, higiene en la menstruación, elección de ropa adecuada, uso del WC, etc.

Algunas pautas generales en las que se tiene que basar la intervención son:

- Que se realicen adaptaciones a las peculiaridades y necesidades del alumnado.
- Que tenga en cuenta en todo momento la participación de los familiares.
- Que se adapten a las habilidades e intereses del alumnado.
- Que ofrezca la posibilidad de trabajar individualizadamente con el alumnado.
- Que beneficie y promocione la generalización de los logros alcanzados y su empleo en diversos contextos en los que participen.
- Que aumente el grado de autonomía del niño o la niña de manera que se muestren cada vez más competentes para soportar los problemas y circunstancias que la vida plantee.
- Que se ofrezcan posibilidades de interacción y relación en el día a día con otros iguales.
- Que se mantenga y mejore la salud y bienestar psicológico y/o físico.
- Que se fomente un ambiente afectivo y de relación positivo en todos los contextos posibles.

- Que promueva un clima de trabajo propicio, favoreciendo la coordinación de todos los profesionales que participan en el procedimiento de enseñanza-aprendizaje.
- Que haya correspondencia entre lo que se persigue que aprenda el alumnado y lo que ya sabe.
- Que favorezca la supervisión, seguimiento y evaluación de forma continua.

Importante

Estas pautas adquieren pleno sentido en el marco de una planificación sistemática.

Los contenidos del programa de autonomía e higiene personal en el aseo en ACNEE se seleccionarán de entre los siguientes:

- Contenidos conceptuales:

  - Vestido/desvestido: cremalleras, botones, cordones, etc.
  - Hábitos de higiene básicos.
  - Aseo personal: lavado de dientes, lavado de cara, cambio de compresa y/o pañal, utilización correcta del papel higiénico, lavado de manos (antes, durante y después WC), etc.
  - Control de esfínteres.
  - Uso adecuado de utensilios de uso personal: bolsa de aseo, mochila, ropa de muda, etc.

- Contenidos referidos a procedimientos:

  - Percepción de los momentos del día en los que el niño o la niña va mojado o seco para determinar cuándo deben de ir al WC.
  - Intención del movimiento como gesto comunicativo, para informar acerca de sus necesidades básicas.
  - Revelar, regular y controlar de manera gradual, las necesidades básicas.

- Aseo y cuidado de las diversas zonas del cuerpo: antes, durante y después del uso del WC, lavado de dientes, lavado de cara, lavado de genitales externos cuando está con la menstruación, limpieza del esfínter tras la micción y/o defecación, etc.
- Ejecución con ayuda o de forma autónoma de los hábitos de higiene personal y aseo, usando apropiadamente los espacios y materiales (papel higiénico, compresa, esponja, toalla, pañal, bidet, inodoro, etc.).
- Realización del progreso de habilidades para el vestido y desvestido: poner/quitar calzado, abrochar y desabrochar botones, subir/bajar cremalleras, hebillas, etc.
- Distinción entre ropa sucia y limpia.

- Contenidos referidos a actitudes, valores y normas:

    - Encontrarse bien con una apariencia personal limpia y cuidada.
    - Actitud y valoración positiva ante el progreso de hábitos de aseo e higiene.
    - Aceptación y predisposición positiva hacia los apoyos, cuidados y/o enseñanza-aprendizaje que aportan los educadores, en la conquista de su autonomía máxima.
    - Admisión de sensaciones desagradables por motivos de salud.

Aplicación práctica

Diseñe una actividad para trabajar el contenido de "lavado de cara".

SOLUCIÓN

Se utilizará una pelota para la ejecución de esta actividad. Se dará al niño las instrucciones de que practique movimientos circulares, que deberá realizar cuando se lave la cabeza. Para ello empleará agua con un poco de jabón. El/la educador/a detallará cómo serán los movimientos, hasta que los vayan repitiendo solos.

Continúa en página siguiente >>

<< Viene de página anterior

Entre los criterios de evaluación que se seleccionarán para valorar las actividades una vez aplicadas se enumeran los siguientes:

- Su idoneidad y adecuación a la edad, características y dificultades de los alumnos.
- Su adecuación al contexto sociofamiliar.
- El grado en que contribuyen las actividades a desarrollar las habilidades precisas para la adquisición de la conducta deseada, es decir, la efectividad y la eficacia.

El diseño de actividades se establecerá en función a las peculiaridades de cada niño y niña, así como su grado de dependencia.

Aplicación práctica

Imagine que lleva a cabo un Programa de autonomía e higiene en el aseo:

¿Qué instrumentos evaluativos seleccionaría para valorar los progresos del alumnado en sus hábitos de higiene? ¿Y cómo identificaría los avances?

Solución

Para comprobar la progresión de los aprendizajes habría que remitirse a hojas de secuencias de cada actividad y se señalarían si está en proceso o está conseguido. Por ejemplo:

Actividades	No iniciado	Iniciado	Ayuda	En desarrollo	Ayuda	Adquirido		Actividades		
						B	BM	Ac	Des	Ind
Higiene y control de esfínteres										
1. Identificar sensaciones de limpieza, manos sucias, mucosidad...										
2. Lavado de manos y cara antes y después de comer, WC...										
3. Lavado de dientes										
4. Reconoce su ropa										
5. Usa pañal con control horario										
6. Avisa gestual o verbalmente cuando quiere ir al WC										
7. Va al WC solo o con supervisión cuando tiene necesidad										
8. Utiliza correctamente el WC										
9. Se baja y sube la ropa en el uso del WC										

Observaciones:

Códigos

B = Bien
NM = Necesita mejorar

Código de ayuda:

F = Física
V = Verbal
G = Gestual
SN = Sin ayuda

Ficha evaluativa de higiene y control de esfínteres

Los logros se presentan en forma de autonomía del individuo, es decir, que empieza a reproducir los aprendizajes en contextos diferentes a dónde se lleva a cabo el programa, así como que generaliza a otros ámbitos lo aprendido.

Actividades

20. ¿Se diseñaría igual un programa de autonomía e higiene en el aseo para un/a niño/a con silla de ruedas y para otro/a que no la tuviera? Razone su respuesta.

5. Recursos: Técnicas de entrenamiento: tipos

Las técnicas son múltiples y variadas, la utilización de cada una de ellas dependerá de las características y reacciones de cada niño, adaptándose a las necesidades y situaciones de cada sujeto.

5.1. Agendas de pasos

Es una técnica en la cual se registran gráfica y secuencialmente actividades de la vida cotidiana. Propician la comprensión de situaciones al utilizar viñetas visuales claves para organizar el comportamiento que se pretende enseñar.

Por consiguiente la agenda de pasos representa los pasos que componen una tarea hasta su conclusión (meta) de una actividad de la vida diaria. Pueden emplearse fotografías también. Sirven de apoyo visual en el aprendizaje de cualquier tarea.

En esta técnica se incluye además un registro de logros semanal, para comprobar la correcta ejecución de la actividad.

Véanse algunos ejemplos:

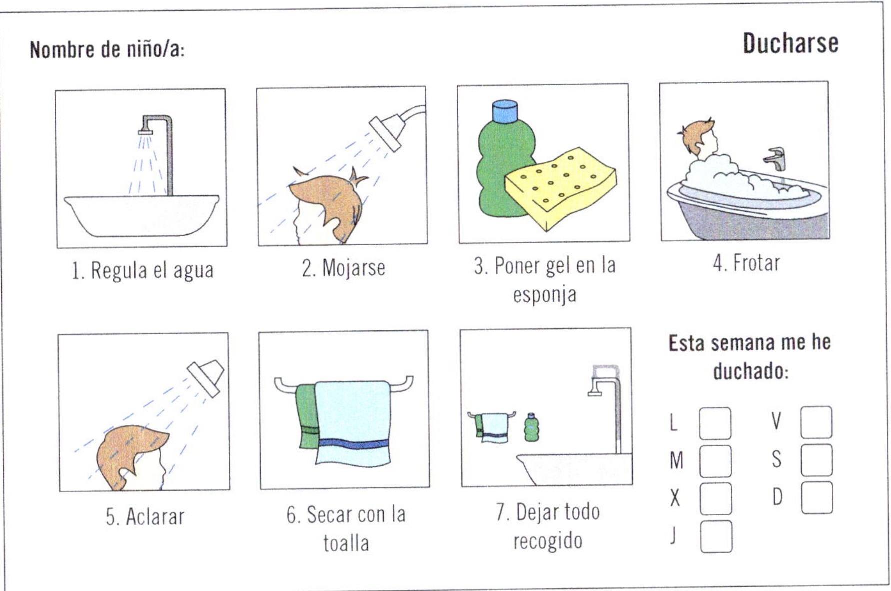

Agenda de pasos relativa a la ducha

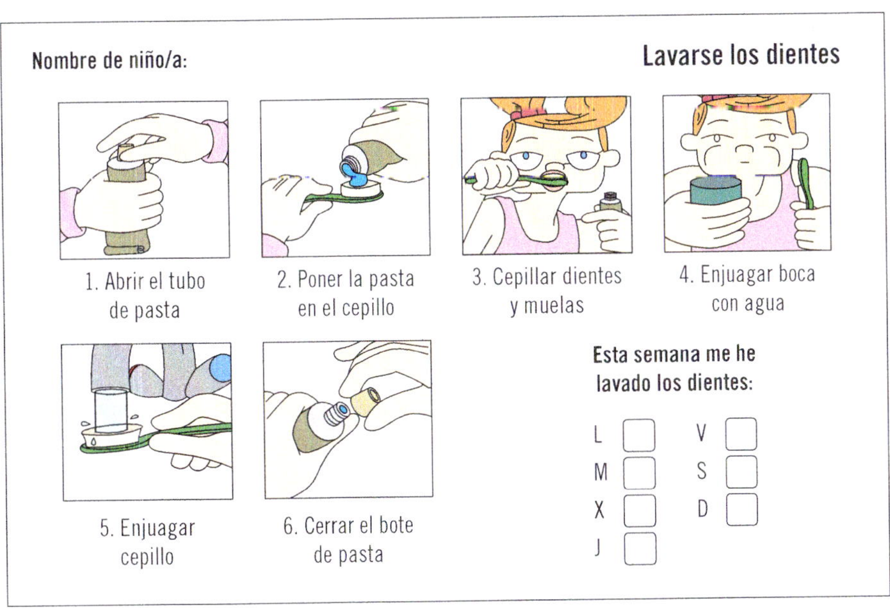

Agenda de pasos relativa al lavado de dientes

Agenda de pasos relativa al lavado de cara y manos

5.2. Desvanecimiento de ayudas

La técnica del desvanecimiento de ayudas se fundamenta en la disminución progresiva de las ayudas que se le han aportado a la persona para que lleve a cabo la conducta pretendida. Persigue que perdure el comportamiento de la persona a pesar de la reducción de las ayudas que se le facilitaron para aprenderlo.

Es un procedimiento que facilita que las conductas puedan llegar a fijarse en ausencia de los estímulos discriminativos complementarios que se usaron para fomentarlas.

El proceso que desarrolla esta técnica es el siguiente: se van suprimiendo los estímulos discriminativos de ayuda o los instigadores de forma gradual, hasta que la conducta quede bajo el control de los estímulos discriminativos naturales o adecuados a la labor.

Se trata de una técnica asociada al ámbito educativo. Muchos de los aprendizajes escolares comienzan con el apoyo en modelos, en instrucciones verbales o en ambos. Los aprendizajes se establecen y se conservan gracias al desvanecimiento progresivo de esas ayudas. Un ejemplo sería: aprender a hacer puzzles.

El desvanecimiento consta de dos fases:

- **Fase aditiva.** Se dota al individuo todas las ayudas necesarias para la obtención de la finalidad conductual.
- **Fase sustractiva.** Las ayudas se van disminuyendo progresivamente hasta que la persona pueda ejecutar la conducta sin ningún tipo de ayuda del exterior. La reducción puede desempeñarse de diversas maneras: o bien demorando o disminuyendo la ayuda o bien reduciendo su intensidad.

En las dos fases, se han de permitir tras la emisión de conductas próximas a la conducta objetivo, un refuerzo continuo y contingente a esta emisión.

Esta técnica es empleada junto con el moldeamiento y, al igual que ella, suele utilizarse tanto para el aprendizaje cotidiano como para conductas más específicas (ámbito educativo, por ejemplo).

5.3. Encadenamiento hacia atrás

La técnica del encadenamiento hacia atrás consiste en dividir una conducta en secuencias más básicas, comenzando a entrenarla por la última etapa de la cadena.

Cuando se va a utilizar esta estrategia hay que considerar los siguientes detalles:

1. Se deben preparar recompensas.
2. Hay que preparar el espacio de enseñanza, descartando distracciones, empleando materiales apropiados, etc.
3. Hay que buscar el mantenimiento de la atención del niño.
4. Se utilizarán instrucciones concretas y sencillas.
5. Se auto practicará la conducta para que sirva de ejemplo.
6. Se utilizarán las ayudas físicas y verbales que se requieran.

5.4. Encadenamiento hacia delante

En el encadenamiento hacia delante se trata de descomponer una conducta difícil en conductas sencillas, para que cada una de ellas suponga un "peldaño de una escalera".

La consecución de la conducta se provoca mediante el reforzamiento de los "peldaños", los cuales son estímulos reforzadores para la respuesta anterior y estímulos discriminativos para la siguiente.

En este caso sucede al contrario que en el encadenamiento hacia atrás, el procedimiento sería: se enseña el primer paso y se refuerza, a continuación se enseña el segundo y se refuerza la realización de ambos juntos y así sucesivamente.

Actividades

21. Haga una agenda de pasos de la actividad de atarse los cordones.

5.5. Imitación-modelado

La imitación o modelado se aplicará cuando se traten de individuos que en su repertorio, o no disponen de la conducta requerida; o bien la poseen de forma escasa; o no son capaces de convertir las instrucciones verbales en acciones. No obstante, a través de la imitación de modelos verbales o motores se puede incrementar la probabilidad de la respuesta.

Se recomienda una serie de consejos para optimizar el resultado del modelado:

- Que los modelos tengan en común con el observador mayor número de condiciones.

- Que los modelos posean el mayor crédito posible para los observadores.
- Que los modelos se caractericen por ser competentes.
- Que los modelos trasmitan cómo manejar el problema de aprendizaje.
- Que se refuerce tanto al observador como al modelo.

La técnica se debe ejecutar delante del individuo para que este la imite. Se pueden utilizar como modelos a un adulto o a un compañero o compañera.

Las funciones de la imitación-modelado son:

- Aprender conductas nuevas.
- Inhibir y promover la ejecución de conductas en base de las consecuencias para el modelo.
- Incitar la aparición de conductas.
- Motivar.
- Transformar la valencia emocional.

El proceso de imitación-modelado comprende tres fases secuenciales:

- **Exposición y observación.** El primer paso es la observación de acciones, las conductas y el criterio del modelo real o simbólico.
- **Adquisición.** A continuación se asegurará que el observador adquiere la conducta del modelo. Es imprescindible estar seguro de que el observador centra su atención en el modelo, que retiene la conducta y que es capaz de reproducirla posteriormente.
- **Aceptación/ejecución/imitación.** Es necesario reseñar que la exposición al modelo y la adquisición de las conductas del observador no garantiza que las reproduzca posteriormente, o si las ejecuta, sean semejantes a las esperables.

  Esta fase de ejecución puede ser de cuatro tipos, después de que el observador haya sido expuesto al modelo:

  - Imitación específica en la que el observador repite la conducta del modelo idénticamente.
  - Imitación general en la que el observador actúa de forma parecida al modelo pero no idénticamente.

- Contra-imitación específica en la que el observador produce concretamente la conducta contraria a la observada en el modelo.
- Contra-imitación general en la que el observador obra de distinta forma al modelo aunque no obligatoriamente en la dirección opuesta.

Cuando con el modelado se pretende reducir el déficit de habilidades o enseñar nuevas, se pueden utilizar dos tipos de modelo:

- **Modelo Mastery o Competente.** Está recomendado cuando el objetivo del modelado es aumentar el repertorio de habilidades o destrezas necesarias sin que estén relacionadas a emociones negativas o de temor.
- **Modelo Coping o de Afrontamiento.** Se aplica cuando el sujeto muestra dificultades en un principio pero que finalmente las supera.

Recuerde

Mediante la imitación de modelos verbales o motores se incrementará la probabilidad de respuesta.

5.6. Moldeado

El moldeado es una técnica con la que se pretende la adquisición de conductas inexistentes o existentes de manera muy vaga en el repertorio conductual del sujeto (Méndez y Olivares, 2001).

Se trata de reforzar contundentemente conductas similares a la conducta deseada y eliminar mediante extinción las que se alejan de la conducta objetivo.

Se refuerza al inicio positivamente cualquier aproximación a la conducta que presenta el modelo ante el niño o la niña, para posteriormente ir reforzando solo las respuestas que se acercan a la conducta deseada.

Para una correcta realización de la técnica del moldeado, deben seguirse los siguientes pasos:

1. Definir de forma concisa la conducta meta que se pretende alcanzar.
2. Elegir una conducta más amplia que incluya la que se pretende que el sujeto adquiera o que tenga semejanza con esta.
3. Reforzar dicha conducta (2), hasta que se presente de forma frecuente.
4. Reducir la amplitud de la conducta para que se parezca cada vez más a la conducta meta, utilizando para ello el **refuerzo diferencial.** Entendido como el procedimiento mediante el cual las conductas deseables son reforzadas en detrimento de las no deseables que son ignoradas o corregidas.

El moldeamiento se utiliza de manera espontánea en el aprendizaje de habilidades diarias.

Actividades

22. Establezca las diferencias entre las técnicas de modelado y moldeado.

6. Programa de control de esfínteres

El control de esfínteres se refiere a la capacidad de orinar y defecar de forma voluntaria en el lugar adecuado (el inodoro) y en el momento correcto. Supone el paso de un comportamiento reflejo automático a una conducta controlada y voluntaria. No hay control de esfínteres cuando el niño o la niña se moja durante el día y/o la cama durante la noche, durante una edad concreta.

El control de esfínteres entraña una coordinación de las funciones nerviosas y una maduración del sistema nervioso vegetativo para que el niño o niña tenga la habilidad física necesaria para sentarse en el inodoro, bajarse y/o subirse el pantalón, para demorar la evacuación hasta encontrarse en sitios o momentos socialmente aptos.

Asimismo, además de los componentes orgánicos, en el procedimiento de control de esfínteres intervienen agentes psicológicos, sociales y culturales.

Para lograr esto, es fundamental que el niño o la niña supere un proceso de aprendizaje de los hábitos de higiene y aseo asociados con la micción y la defecación que ocurre usualmente en la infancia. En este proceso se va enseñando gradualmente al niño o niña a abandonar el pañal y a informar cuándo tiene ganas de ir al baño.

Este proceso se inicia con la comunicación y relación del niño o la niña, detallándole cuando se va al baño, o se le retira el pañal y orina o defeca en el inodoro, si está seco o mojado, de tal manera que asocie sus necesidades básicas (micción y defecación) con ir al baño.

Esta tarea se llevará a cabo por todos los agentes implicados en la educación del niño o niña, padres, restos de familiares, maestros/maestras y otros profesionales. Se procurará que progresivamente el niño o la niña adquiera el hábito de ir al inodoro, de este modo su vejiga se irá desarrollando y adquiriendo la habilidad de retener la orina e ir espaciando los intervalos de ir al baño cada vez más.

En relación a la edad para empezar con el control de esfínteres, se fijará en base al grado de motivación y convicción que ejerzan los adultos educadores implicados sobre el niño o niña y las circunstancias sociales que le envuelven.

Es muy imprescindible que el desarrollo de este control se dé en un entorno agradable y distendido, libre de castigos y de obligaciones y sin ridiculizar al niño o niña, para propiciar el logro de las establecidas.

Para alcanzar el control de esfínteres es necesaria la estimulación del niño o niña.

El niño o la niña ha asumido el control de esfínteres cuando es capaz de cumplir la siguiente secuencia completa:

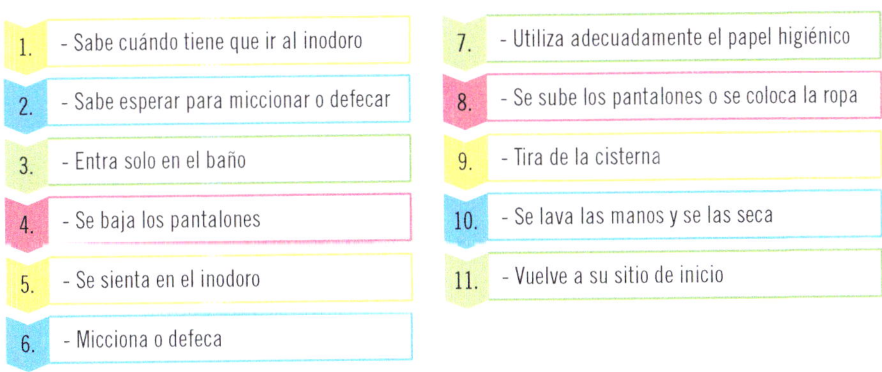

Normalmente, salvo excepciones concretas o de Necesidades Educativas Especiales, es que a los cuatro años el niño o la niña haya adquirido los hábitos de evacuación aceptados por la sociedad y que, al acceder a la escolarización obligatoria, haya asumido el dominio de las funciones fisiológicas.

6.1. Requisitos

Los requisitos que se tienen que tener en cuenta para dar comienzo el programa de control de esfínteres, son los siguientes:

- Descartar la incontinencia por posibles causas orgánicas y neurológicas. Lo que supone haber alcanzado un grado de madurez y desarrollo muscular y nervioso que posibilite el control de los esfínteres.
- Que el alumno o alumna sea capaz de acatar instrucciones básicas.
- Que el alumno o alumna posea la capacidad de permanecer sentado por lo menos cinco minutos.
- Que el alumno o alumna pueda controlar la micción como mínimo una hora.
- Que el alumno o alumna posea la noción de su esquema corporal básico (brazos, piernas, cabeza...).
- Que el alumno o alumna tenga lenguaje comunicacional, es decir, que pueda ser entendido, ya sea a través de gestos, signos, habla, etc.

Nota

Para llevar a cabo un programa de control de esfínteres no es imprescindible que el niño reúna todos estos requisitos.

6.2. Desarrollo del Programa de Control de Esfínteres

En un programa de control de esfínteres se pretende favorecer la adquisición de estrategias facilitadoras para lograr este control y así contribuir al desarrollo y autonomía del niño.

Se partirá de unas instrucciones generales:

- El sitio para la eliminación será el cuarto de baño siempre, aunque se emplee el orinal.
- Se evitarán estímulos como juguetes, o cualquier entretenimiento mientras está sentado.
- La reacción más adecuada ante los accidentes será limpiarlo y cambiarlo sin atención positiva o negativa.

El reforzamiento positivo es el método más aconsejable para conseguir la colaboración del niño o niña. Es preferible el refuerzo social y visiblemente consecuente con las conductas esperadas en cada circunstancia.

Primer paso. Observación

Durante 10 o 15 días se comprueba cada hora si el niño o la niña está seco o mojado y se toma nota en una hoja de registro:

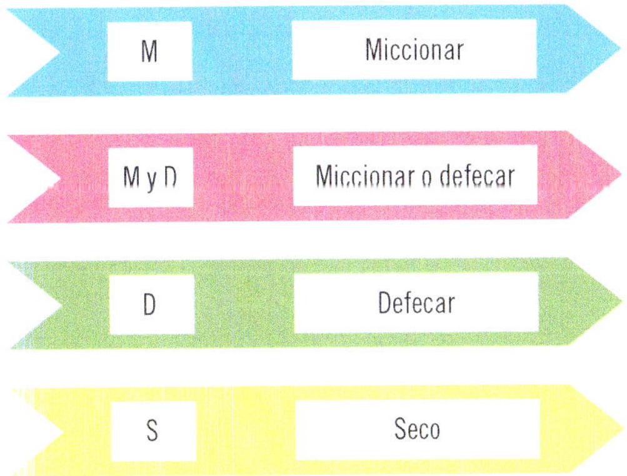

Durante esta fase se observará también al niño o niña por si presenta señales o indicadores que alerten de su deseo de orinar y defecar. Algunos indicadores pueden ser: lo pide abiertamente, lo indica gestualmente, se sienta en cuclillas, se pone rojo, se queda parado...

Segundo paso. Determinación del horario

Trascurridos los 10 o 15 días, con las anotaciones tomadas en las hojas de registro, se indagará sobre las horas del día en las que probablemente el niño o niña miccione o defeque.

A partir de aquí se acompañará al niño o niña minutos previos a cada una de las horas en las que frecuentemente el niño o niña micciona o defeca, recompensándolo si hay "éxito" e ignorándolo si no hay.

Este horario que se ha establecido en un principio, en base a las hojas de registro, no debe ser estricto, quiere decir que estará sujeto a modificaciones posteriores, según las necesidades del niño y la evolución del control.

Tercer paso. Retirar el pañal

Si durante el periodo de antes, el número de "éxitos" es proporcionado, se iniciará la retirada del pañal.

El niño o niña continuará asistiendo al cuarto de baño en las horas que se determinen, consultándole y observando por si algún gesto o acción pueda manifestar su deseo de ir al baño. De tal forma, se continuará anotando durante algún tiempo en las hojas de registro, hasta que el niño o la niña, sea capaz de mostrar sus ganas de miccionar o defecar y vaya solo al WC.

Nota

En muchos casos es conveniente pasar a esta etapa de retirada del pañal aunque los "éxitos" sean escasos. Este asunto lo valorarán los agentes implicados en llevar a cabo el programa de control de esfínteres.

Aplicación práctica

¿Qué actividades se te ocurren como docente para que el alumnado adquiera el control de esfínteres?

SOLUCIÓN

Para incrementar la cabida funcional de la vejiga, se animará al niño a que beba agua u otro líquido, todo lo que tenga ganas. Cuando le apetezca ir al baño se le invitará a que retenga la orina el mayor tiempo posible. Al inicio bastará con que lo retenga unos segundos y se irá aumentando gradualmente.

Para fortalecer los esfínteres, animar al niño para que cuando esté orinando corte el flujo de la orina en varias ocasiones. Se empezará pidiéndole que frene un poco justo antes de terminar el acto, pues así le parecerá más fácil. De manera progresiva conseguirá interrumpir la orina varias veces y desde el principio.

Cuando moje o ensucie la cama, se le podría incitar a que cambien las sábanas con ayuda de la familia.

6.3. Metodología

¿Qué medidas hay que adoptar para alcanzar un control de esfínteres apropiado?

a. No es aconsejable intentar ningún tipo de control antes de los dos años de edad.
b. Todo el proceso de aprendizaje de control de esfínteres seguirá paulatinamente la secuencia programada, por lo que será secuenciado y se irá introduciendo de forma progresiva.
c. Al iniciar la enseñanza del control de esfínteres hay que aprovechar el momento en que el niño o la niña se haya mojado o ensuciado para establecer una asociación con el baño.
d. Se recomienda que el niño o la niña vea a otro/a defecar y miccionar para que vaya activando su capacidad de imitación.

e. Antes del comienzo del Programa de Control de Esfínteres es necesario que el niño o niña haya aprendido hábitos básicos como vestirse u obedecer órdenes concretas.
f. Se debe familiarizar al niño o la niña con términos como miccionar, defecar, mojado, seco.
g. Es indispensable esquivar las conductas hostiles y los castigos por parte del adulto educador, si no se logra rápido el fin a alcanzar.
h. No establecer comparaciones con otros niños o niñas, ni ridiculizarlo o ponerlo públicamente en evidencia, esta situación solo generará angustia en el niño o niña y deteriorará la relación con el adulto.

En algunas circunstancias la dificultad en el desarrollo del proceso de control de esfínteres tiene como consecuencia la retención voluntaria de orina y materia fecal que a la larga podría acarrear problemas de salud.

Las recompensas tanto para el niño o la niña como para los adultos educadores, es el *feedback* por las metas conseguidas. Quiere decir que existe una relación entre la progresión del niño o la niña en el hábito gracias a las recompensas que recibe del exterior y entre el educador que consigue el propósito de su acción educativa.

Aquellas conductas que reciben recompensas es bastante probable que vuelvan a aparecer, pues supone un refuerzo positivo por el éxito adquirido. Las recompensas pueden ser, entre otras:

- Premiar al niño cada vez que alcance la meta establecida, con estímulos de su interés.
- Elogiarlo y alabarlo en todos los intentos, lo consiga o no.
- Reforzar los logros del programa de Control de Esfínteres con refuerzos positivos afectivos: ¡Genial!, ¡Enhorabuena!, abrazos, sonrisas, cosquillas...

Aplicación práctica

Plantea esquemáticamente cómo enseñaría cualquier de estos hábitos de higiene y aseo: lavado de dientes, de cara y manos, ducha, control de esfínteres, peinarse...

SOLUCIÓN

Se decidirá qué se va a enseñar:

- Adecuado a la edad.
- Partiendo de sus características.
- Hacerlo a diario.
- Tener los materiales necesarios a punto.

Explicarle qué tiene que hacer y cómo:

- Decirles lo que queremos que haga.
- Ser el modelo para que nos imiten.
- Asegurarnos que nos comprende.

Practicar el hábito:

- Muchas ocasiones de práctica.
- Recordarles los pasos.
- Alabar las conquistas.
- Poco a poco ir disminuyendo la ayuda.
- Dedicarles tiempo, sin prisas.

Supervisar:

- Revisar cómo lo han realizado.
- Valorar y elogiar los éxitos o los intentos.

6.4. Recursos

Para implementar un Programa de Control de esfínteres serían necesarios los siguientes recursos, dependiendo de los casos.

Recursos humanos

En los centros donde asiste alumnado con necesidades educativas especiales (o no), que por cualquier motivo no hayan adquirido el control de esfínteres, el aprendizaje de este objetivo se tiene que englobar en el conjunto de la labor educativa.

Resulta muy relevante la consecución del control de esfínteres porque profiere al niño o la niña una mayor calidad de vida, por esto debería integrarse de forma global en el programa de intervención de cada alumno o alumna. Deben estar implicados en este programa todos los profesionales que intervienen con el alumno o la alumna: tutores/as, logopedas, fisioterapeutas, orientador/a, trabajador/a social y el resto de personal.

Recursos materiales

En cuanto a los recursos materiales requeridos para implementar un programa de control de esfínteres sería necesario un cuarto de baño completo, así como un orinal en determinados casos.

También existe una serie de ayudas o recursos especiales para aprender a limpiarse o a mantenerse secos, pues algunos niños o niñas pueden tener problemas concretos debidos a la discapacidad que posean. Entre estas ayudas o recursos especiales se encuentran: alarmas, cobertor de colchón, trajes nocturnos y medicación.

Alarmas

Estas alarmas las suministran los médicos. Existen también zumbadores especiales que se pueden situar en el orinal para enseñarle al niño o niña a utilizarlo correctamente. Las alarmas suelen ser efectivas cuando se emplean junto con "programas de modificación de comportamiento" diseñados para enseñar al niño o niña el control de esfínteres.

Cuando el problema es que el niño o niña moja o ensucian la cama por la noche, se puede colocar un cojín especial bajo las sábanas o en la ropa del niño o niña. Si ocurre que el niño o niña empieza a mojar o ensuciar el cojín, se activa un zumbador o campanita. Los niños o niñas que por la noche mojan su cama se despiertan frecuentemente por este motivo y llegan a retenerse de forma automática, acabando con el problema de mojar.

Cobertor del colchón

Existen cobertores especiales para proteger el colchón si mojar o ensuciar la cama resulta un gran problema.

En el mercado existen otras "ayudas para la incontinencia", que tienen como fin de reducir la necesidad de lavados hasta que el problema remita.

Trajes nocturnos

Muchos niños y niñas tienen problemas específicos de comportamiento respecto al control de esfínteres. Una dificultad principalmente angustiosa es cuando esparcen las heces. Pueden hacerlo concretamente de noche. Si esto ocurre, existen estos trajes nocturnos que les imposibilitan hacerlo, al mismo tiempo que les impiden dañarse con arañazos, hurgarse en las nalgas...

Medicación

En ocasiones la medicación puede beneficiar si el niño o la niña sufre de estreñimiento o se moja de noche y/o de día. El pediatra o médico general es el encargado de informar sobre este tema.

Importante

La implicación de todos los agentes educativos que intervienen con el niño o niña, es una pieza clave para la obtención del control de esfínteres.

6.5. Registros e interpretación de horas

Previamente a la implementación del programa, se realizará una recogida de información inicial referida a las competencias del alumno o alumna en el control de esfínteres.

En una hoja de registro se detallarán todas las ocasiones en las que el niño o la niña sienta la necesidad de miccionar o de defecar. Este registro se hará rutinariamente durante los 10 o 15 días anteriores al comienzo del programa. Se anotará en observaciones si el alumno o alumna manifiesta algún gesto indicador que avise de su deseo de hacer "pipí" o "caca". A continuación, se muestra un ejemplo de "hoja de registro", significando **"e"** que el niño o niña ha miccionado o defecado encima y **"wc"** que lo ha hecho en el inodoro.

	Día 1		Día 2		Día 3		Día 4		Día 5		Día 6		Día 7		Día 8		Día 9		Día 10	
Hora	e	wc	e	wc	e	wc	e	wc	e	wc	e	wc	e	wc	e	wc	e	wc	e	wc
7:00																				
8:00																				
9:00																				
10:00																				
11:00																				
12:00																				
13:00																				
14:00																				
15:00																				
16:00																				
17:00																				
18:00																				
19:00																				
20:00																				
21:00																				

Observaciones.

Una vez que se posea esa información, ya se tiene referencia para establecer el horario del niño o niña para hacer sus necesidades, por lo que se irá acompañando al alumno o alumna al inodoro para que lo intente. El horario no tiene porque ser estricto, adecuándose a la demanda del alumnado.

La evaluación de la progresión del programa de Control de Esfínteres se hará de forma continua y siguiendo las hojas de registro, pues en ellas quedarán reflejados los cambios de horarios pertinentes, aumentando o disminuyendo las franjas horarias según proceda en función de cada caso.

6.6. Identificación de lugares apropiados para las necesidades fisiológicas

Es importante que el niño o niña tenga claro que los actos de defecar y miccionar son íntimos, por lo tanto desde el inicio de la implementación del programa se les debe habituar con el espacio dedicado a satisfacer estas necesidades básicas, por ejemplo cuando toque cambio de pañal que se haga en el baño.

Como el desarrollo del programa se llevará a cabo en casa y en el centro escolar, tiene que existir el espacio físico adecuado en ambos sitios. La zona del cuarto de baño será suficientemente espaciosa para poder realizar las tareas propias de estas actividades, además de contar con las ayudas técnicas (grúas, adaptadores WC, barras de agarre, camillas...) para que sea posible una movilidad adecuada para el niño o niña (con o sin silla de ruedas).

Aplicación práctica

Como docente, ¿qué consejos fundamentales le daría a las familias para el inicio de un programa de control de esfínteres?

SOLUCIÓN

Los padres deben mostrar una actitud comprensiva y sensible a sus necesidades del pequeño o pequeña, tolerando los percances y alentando sus triunfos.

Nunca mostrarse ansiosos ni exigentes pues pueden desencadenar una situación hostil para el niño o niña.

Deben brindar a su hijo o hija la posibilidad de acompañarlos y apoyarlos en todo el proceso, concibiendo este aprendizaje como camino hacia la socialización.

Sería ideal empezar el aprendizaje durante el fin de semana, para que el pequeño o pequeña se sienta más seguro y tranquilo, en su entorno familiar.

Si se diera el caso de que el niño o niña tuviera miedo y no quisiera sentarse en el inodoro u orinal, habría que diseñarle esta situación agradable, dándole el juguete que más le guste mientras esté sentado o permaneciendo a su lado.

Hay que evitar las comparaciones con otros/as niños/as o con hermanos/as, cada pequeño/a tiene su ritmo de aprendizaje.

6.7. El baño es un lugar divertido

La situación de los aseos debe ser de fácil acceso para los niños o niñas, además de que la dimensión tiene que ser adaptada a las necesidades y dificultades de los alumnos/as.

Los aseos aparte de contar con la higiene debida, se pueden adecentar con complementos decorativos alusivos a aspectos relacionados con tareas propias de este contexto como dibujos con las secuencias de lavado de manos, de dientes, de la micción o defecación... favoreciendo un ambiente cómodo, relajado y distendido.

Secuencia para ir al baño

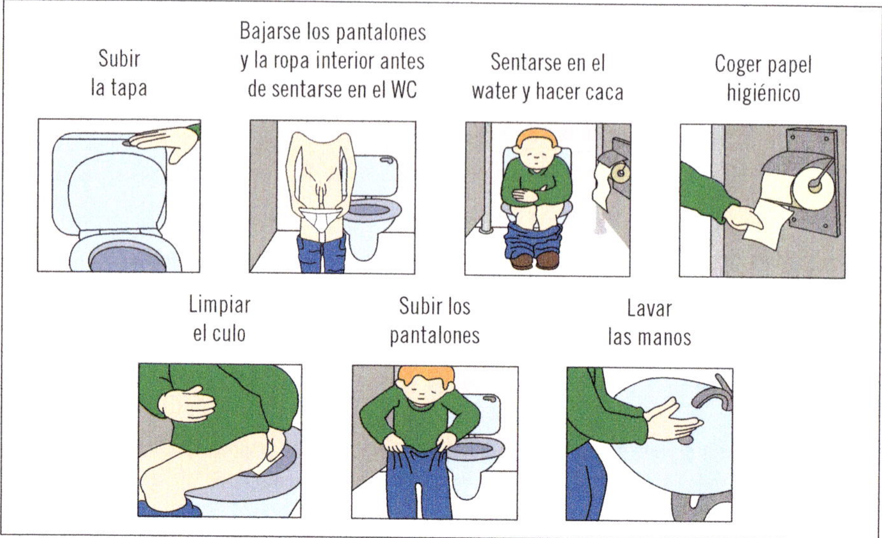

Un problema frecuente es que a algunos niños o niñas les da miedo el cuarto de baño, más concretamente el inodoro, por lo que hay que diseñar el espacio para que invite a la tranquilidad, familiarizando al niño o niña con el espacio desde el principio. También puede acompañar a compañeros/as para que tomen ejemplo.

Actividades

23. Aporte ideas para decorar significativamente un cuarto de baño para estimular al control de esfínteres.
24. ¿Qué adaptaciones debería tener un lavabo para que el alumnado con discapacidad en silla de ruedas pudiera llevar a cabo un programa de autonomía e higiene en el aseo?

6.8. Trabajo paralelo: colegio-casa

Al principio del programa se recabará toda la información posible aportada por los padres, tutores o familiares de tal forma que nos proporcione el mayor número de datos para la puesta en la marcha del programa. Estas cuestiones podrían ser un ejemplo de entrevista de recogida de información a los padres:

- Edad del niño/a:
- ¿Por qué comenzar con el control de esfínteres ahora?
- ¿Presenta mediante gestos y/o palabras sus ganas? ¿En qué momento lo ha hecho?
- ¿Entiende órdenes sencillas? (ven, siéntate, espera...)
- ¿Se desplaza de manera autónoma, tiene motricidad fina y coordinación suficiente?
- ¿Colaborarán las personas implicadas en el cuidado del niño/a con respecto a las directrices a seguir?
- ¿Ha habido cambios considerables en los últimos días? (abandono de un hábito, inicio escolar, nacimiento de hermano, cambio de domicilio...)
- ¿Sabe dónde se sitúa el cuarto de baño y para qué se utilizan cada uno de los elementos que allí se hayan?
- ¿Han intentado en casa enseñar el control de esfínteres? ¿Cómo se ha realizado? ¿Cómo ha reaccionado el niño/a?
- ¿Da señales el/la niño/a de sentirse incómodo/a cuando está húmedo o mojado?
- ¿Tiene autonomía para vestirse/desvestirse?
- ¿Tiene el niño/a el horario regularizado para hacer caca o pipí?
- ¿Permanece con el pañal seco durante unas horas?
- ¿Se queda sentado/a durante 5 minutos como mínimo?

A partir de este instante y una vez diseñado el programa individual de Control de Esfínteres del niño o la niña, se mantendrán informados sistemáticamente a los padres, pues para emprender un aprendizaje de este tipo se precisa especialmente su colaboración, así como un constante y continuo *feedback* entre los profesionales que intervienen con el niño o la niña y la familia.

Para la adquisición de estas habilidades, es imprescindible un compromiso entre la familia y los educadores para proseguir el progreso del programa y alcanzar el éxito máximo. En este contexto familiar se creará un ambiente estable y de seguridad, así como un entorno social que facilite un acontecimiento tan natural como este.

Previamente a la implementación del Programa, se procederá a una entrevista con la familia para informarles de la planificación del Control de Esfínteres:

- Fases del programa.
- Establecimiento de las pautas de micción y defecación y recomendaciones.
- Registros personalizados, así como la cumplimentación de los mismos.
- Reforzadores (tipos de refuerzos y elección de los más apropiados para cada caso).
- Seguimiento del programa.
- Concretar fechas de reuniones para intercambiar información y evaluar el programa conjuntamente.
- Ropa necesaria para los cambios (esta será lo más cómoda posible para que favorezca la colaboración del niño o niña en el momento de ir al WC).

6.9. Refuerzos positivos para adquirir la conducta

El refuerzo positivo es un procedimiento o método que busca, a través de la asociación estímulo-respuesta, que las personas repitan sus respuestas, utilizando para ello elogios, recompensas y consecuencias positivas.

El objetivo de reforzar una conducta es incrementar la frecuencia de comportamientos propicios para el logro de un hábito. Por lo tanto, para incrementar los comportamientos hay que acompañarlos de consecuencias reforzantes positivas.

Existen muchas técnicas de reforzamiento para desarrollar los comportamientos deseados, sin embargo hay requisitos comunes a los diferentes procedimientos. En un primer momento, cuando se están desarrollando las conductas es necesario suministrar reforzamientos tan pronto como sea posible, una vez que la conducta deseada se ha manifestado.

A continuación, el reforzamiento debe llevarse a cabo con la mayor frecuencia posible, haciendo especial hincapié en los momentos en los que se acaban de crear los comportamientos.

Se dan dos tipos de reforzamientos positivos:

- **Continuo:** cuando se refuerza el comportamiento cada vez que ocurre.
- **Intermitente:** cuando se refuerzan las conductas de vez en cuando.

Actividades

25. ¿Cuáles son las alteraciones o problemas del control de esfínteres? Desarrolle una definición de cada una.
26. Busque libros de cuentos para incitar al niño o niña para el control de esfínteres y haga un listado.

Aplicación práctica

¿Cómo implementaría un programa de control de esfínteres con un niño sordo?

SOLUCIÓN

Se comenzaría teniendo una reunión con la familia para establecer información relevante del niño a tener en cuenta, por ejemplo: comunicación, últimos acontecimientos a destacar, posibles problemas orgánicos...

A continuación se observaría al niño durante 10 o 15 días y se anotarían las horas y veces que hace sus necesidades, para poder establecer un horario.

Se darán recomendaciones a las familias como que siempre hay que reforzar positivamente cualquier manifestación de ganas de miccionar o defecar, que cuando se decide quitar el pañal no se pone más...

Continúa en página siguiente >>

<< Viene de página anterior

Cuando se decida implementar el hábito se establecerá un horario pero no estricto, será aproximado basado en la información recogida previamente y se acompañará al niño al baño minutos antes de las horas fijadas. Siempre se harán las necesidades en el cuarto de baño, para que el niño identifique el lugar con su deseo de evacuar o eliminar.

Cualquier intento, exitoso o no hay que premiarlo. Nunca reprimir ni castigar cuando se ensucie o moje.

Tras este periodo y cuando se haya comprobado que el número de éxitos es proporcionado, se pasará a la retirada del pañal. Se respetará el ritmo del niño, por lo que no se tendrá prisa por alcanzar el control de esfínteres.

La evaluación de la consecución del programa de Control de Esfínteres se hará de forma continua y siguiendo las hojas de registro, pues en ellas quedarán reflejados los cambios de horarios pertinentes, aumentando o disminuyendo las franjas horarias según proceda en función de cada caso.

---

7. Evaluación

La evaluación de los avances de los aprendizajes derivados de la implementación del programa de autonomía e higiene personal en el aseo de alumnos/as con necesidades educativas especiales se llevará a cabo en todo el proceso, se recabará información de los éxitos de logro de una forma continua, así se podrán ir detectando posible carencias en el aprendizaje y buscar apoyo necesario para alcanzar el fin.

Se evaluará globalmente en distintos momentos del procedimiento y en base a las actividades que se realicen. La manera más objetiva de registro son las hojas donde se reflejen ítems que indiquen el grado de adquisiciones de cada niño o niña. Con la recogida de estos datos, se dispondrá de una información relevante y útil para elaborar un resumen y/o informe del progreso en el aprendizaje.

Se realizará una **evaluación inicial** en la que se recogerán los hábitos que tiene adquiridos el niño o niña y los que debería de aprender, es decir, se trataría del punto de partida.

Para finalizar el programa se elaborará una **evaluación final**, en la que se informará de los logros adquiridos por el alumnado tras la implementación del programa. En función a esta evaluación se puede hacer un informe dirigido a la familia, otros profesionales...

INFORME EVALUACIÓN DE HÁBITOS DE ASEO E HIGIENE

Alumno/a: ______________________ Aula: __________
AES: ______________________ Curso: __________

USO DEL WC

***Alumnado que no controla esfínteres (control pasivo)**

- Manifiesta mediante reacciones gestos de incomodidad por ir mojado/a, sucio/a ________ S N IN
- Anticipa que va ir al WC para cambio de pañal ________ S N IN
- Colabora en el cambio de pañal en la medida de sus posibilidades ________ S N IN
- ¿Cómo? ________
- Reacciona positivamente al cambio de pañal ________ S N IN
- ¿Cómo? ________

OBSERVACIONES ________

***Alumnado que no controla esfínteres (control activo)**

- Anticipa o avisa de la necesidad de ir al WC ________ S N IN
- Acepta mantenerse sentado en el WC ________ S N IN
- Se ha mantenido control horario para uso del WC por no anticipar ________
- ¿Qué horario? ________ S N IN
- Colabora en la retirada del pañal ________ S N IN
- Colabora en la subida-bajada de la ropa antes y después de usar el WC ________ S N IN
- Utiliza en WC de forma correcta, o colabora en ello (tapa, cadena...) ________ S N IN

OBSERVACIONES ________

Ficha evaluativa de higiene y control de esfínteres

***Alumnado que no controla esfínteres**

- Anticipa o avisa de la necesidad de ir al WC ________ S N IN
- Precisa control horario para acudir al WC por no anticipar ________ S N IN
- ¿Qué horario? ________
____
- Va al WC de forma autónoma ________ S N IN
- Baja y sube la ropa después de usar el WC ________ S N IN
- Utiliza correctamente en WC con la secuencia que implica ________ S N IN
- Se limpia con papel después de la micción o ________ S N IN
defecación ________ S N IN
- Utiliza el urinario masculino (alumno) ________ S N IN
- Se lava las manos después de usar el WC ________ S N IN
- Utiliza el bidé después de la defecación ________
OBSERVACIONES ________
____

***Uso del WC durante la menstruación**

- Anticipa y avisa cuando va a empezar su menstruación ________ S N IN
- Sabe el control horario que precisa para cambios de compresa ________ S N IN
- Acepta con normalidad llevar compresa ________ S N IN
- Se pone correctamente la compresa con la secuencia que implica ________ S N IN
- Utiliza el bidé para su aseo durante la menstruación ____ S N IN S
- Deja el aseo correctamente después de utilizarlo ______ N IN
OBSERVACIONES ________
____

Ficha evaluativa de higiene y control de esfínteres

UTILIZACIÓN DEL ASEO

- Manifiesta de alguna forma gestual la necesidad de asearse ____________ S N IN
- Anticipa el cambio de espacio físico para su aseo personal ____________ S N IN
- Acepta de buen grado el aseo ____________ S N IN
- Colabora en las actividades de su aseo personal ____ S N IN
- ¿Cómo? ____________

  ____
- Qué reacciones presenta al contacto con el agua y jabón ____________

  ____
- En las situaciones de aseo personal se comunica e interactúa ____________ S N IN
- ¿Cómo? ____________

  ____
- Reconoce la necesidad de ir al aseo para lavarse ____ S N IN
- Va y vuelve del aseo al aula con autonomía ________ S N IN
- Realiza correctamente la secuencia del lavado de manos ____________ S N IN
- No realiza o puede mejor ____________

  ____
- Realiza de forma adecuada la secuencia del lavado de cara ____________ S N IN
- No realiza o puede mejor ____________

  ____
- Es cuidadoso/a con su ropa durante el aseo ________ S N IN
- Cuida y mantiene limpio el espacio de aseo ________ S N IN

OBSERVACIONES ____________

____

Ficha evaluativa de higiene y control de esfínteres

USO DE ÚTILES BÁSICOS DE ASEO PERSONAL

- Anticipa y reconoce las actividades de aseo después de las comidas ________ S N IN
- Reconoce su bolsa de aseo ________ S N IN
- Acepta con agrado la higiene bucal y el peinado ________ S N IN
- Colabora en estas actividades en la medida de sus posibilidades ________ S N IN
- ¿Cómo? ________
- Es capaz de abrir la bolsa de aseo y sacar sus útiles ________ S N IN
- Reconoce todos los utensilios de la bolsa de aseo ________ S N IN
- Realiza correctamente la secuencia del lavado de dientes ________ S N IN
- No realiza o puede mejorar ________
- Hace un uso funcional de los utensilios de higiene bucal ________ S N IN
- Realiza de forma adecuada la secuencia de peinado ________ S N IN
- Hace uso funcional de los útiles de peinado ________ S N IN
- Recoge sus útiles de aseo en su bolsa ________ S N IN
- Es cuidadoso/a con el espacio de aseo después de utilizarlo ________ S N IN

OBSERVACIONES ________

CUIDADO PERSONAL Y DE LA PROPIA IMAGEN

- Identifica la necesidad de cuidado personal: aseo, vestido, ________ S N IN
- Reacciona positivamente ante el cuidado personal y de su imagen ________ S N IN
- Responde con agrado al reconocimiento por los demás de su autocuidado e imagen ________ S N IN
- Tiene un control ajustado de su propia imagen ________ S N IN
- Muestra interés por ir limpio/a ________ S N IN
- Demuestra gusto por ir bien vestido/a ________ S N IN

OBSERVACIONES ________

Ficha evaluativa de higiene y control de esfínteres

USO DE ÚTILES BÁSICOS DE ASEO PERSONAL

- Anticipa y reconoce las actividades de aseo después de las comidas ______ S N IN
- Reconoce su bolsa de aseo ______ S N IN
- Acepta con agrado la higiene bucal y el peinado ______ S N IN
- Colabora en estas actividades en la medida de sus posibilidades ______ S N IN
- ¿Cómo? ______

  ______
- Es capaz de abrir la bolsa de aseo y sacar sus útiles ______ S N IN
- Reconoce todos los utensilios de la bolsa de aseo ______ S N IN
- Realiza correctamente la secuencia del lavado de dientes ______ S N IN
- No realiza o puede mejorar ______

  ______
- Hace un uso funcional de los utensilios de higiene bucal ______ S N IN
- Realiza de forma adecuada la secuencia de peinado ______ S N IN
- Hace uso funcional de los útiles de peinado ______ S N IN
- Recoge sus útiles de aseo en su bolsa ______ S N IN
- Es cuidadoso/a con el espacio de aseo después de utilizarlo ______ S N IN

OBSERVACIONES ______

______

CUIDADO PERSONAL Y DE LA PROPIA IMAGEN

- Identifica la necesidad de cuidado personal: aseo, vestido, ______ S N IN
- Reacciona positivamente ante el cuidado personal y de su imagen ______ S N IN
- Responde con agrado al reconocimiento por los demás de su autocuidado e imagen ______ S N IN
- Tiene un control ajustado de su propia imagen ______ S N IN
- Muestra interés por ir limpio/a ______ S N IN
- Demuestra gusto por ir bien vestido/a ______ S N IN

OBSERVACIONES ______

______

Ficha evaluativa de higiene y control de esfínteres

8. Resumen

El alumnado con Necesidades Educativas Especiales precisan adquirir todas las habilidades y competencias alcanzables para poder conquistar la máxima autonomía y calidad de vida por sí mismos, y que así dependan de los demás en la menor medida posible. Es por este motivo, por el que se deben dotar de aprendizajes generalizados para la vida cotidiana.

Los procesos de enseñanza-aprendizaje que se implementen serán globalizados, individualizados y funcionales. En concreto, en este capítulo se han tratado los programas de autonomía e higiene personales en el aseo de alumnos/as con dificultades.

Para que el resultado de los programas de autonomía e higiene en ACNEE sea exitoso, se tiene que contar con la colaboración de todos los agentes implicados en la educación del niño.

Por otra parte, se debe de tener en cuenta la prevención de riesgos, para lo que se han expuesto las características de las principales enfermedades y alteraciones que se pueden persentar.

Las técnicas que se emplean más frecuentemente para modificar conductas son: moldeado, modelado, encadenamiento hacia atrás y hacia delante, desvanecimiento de ayudas y agenda de pasos.

En este capítulo, también se ha desarrollado cómo elaborar e implementar un programa de control de esfínteres, así como se han detallado los instrumentos necesarios para evaluar los logros.

Ejercicios de repaso y autoevaluación

1. Señale las respuestas correctas.

a. Existen dos tipos de reforzamiento positivo: constante e intermitente.
b. Los aseos no deben tener elementos motivadores, tendrán que ser sobrios.
c. Existen dos tipos de reforzamiento positivo: intermitente y continuo.
d. Los cuartos de baños estarán decorados para estimular al niño/a.

2. Encuentre 5 enfermedades respiratorias.

Y	A	F	M	E	U	O	R
O	T	I	T	I	S	E	A
D	V	A	L	I	F	E	Z
A	R	B	R	O	B	F	Ñ
I	E	I	R	T	R	E	A
R	P	Z	S	E	O	C	I
F	A	E	O	N	N	O	N
S	E	H	D	A	Q	I	O
E	S	I	I	T	U	V	M
R	T	U	E	I	I	I	L
Q	O	E	T	C	T	D	U
H	I	Q	A	I	I	A	P
W	D	M	O	D	S	D	N
F	S	R	C	A	E	R	T
A	D	A	D	N	E	G	A

3. De las siguientes frases, indique cuál es verdadera o falsa.

a. El horario que se establece en el segundo paso del desarrollo del programa de control de esfínteres debe ser estricto.

- ☐ Verdadero
- ☐ Falso

b. Aquellas conductas en las que el niño/a recibe recompensas, probablemente vuelvan a aparecer.

- ☐ Verdadero
- ☐ Falso

c. De entre las funciones de la técnica de la imitación-modelado se encuentra la de aprender y motivar conductas nuevas.

- ☐ Verdadero
- ☐ Falso

d. El estrés repercute en todas las personas por igual.

- ☐ Verdadero
- ☐ Falso

4. Escriba con sus palabras el significado de los siguientes vocablos reflejados en el capítulo.

Eczema: ____

____

____

____

Globalización: ____

____

Actividades: ____

____

____

____

5. **Complete la definición.**

La disfonía se refiere a cualquier ________________ que lleva consigo una pérdida de la _______.

6. **Relacione la columna de arriba con la de la abajo.**

a. Desabrochar botones
b. Lavado de dientes
c. Sentirse limpio

__ Contenido actitudinal
__ Contenido procedimental
__ Contenido conceptual

7. **Ordene la secuencia de cuándo un niño o niña ha adquirido el control de esfínteres.**

____
____
____
____

8. **Defina los siguientes conceptos.**

- Desvanecimiento ayudas
____
____
- Agenda pasos
____
____
- Moldeado
____
____
- Encadenamiento atrás
____
____

- Encadenamiento delante

  ____

  ____

- Modelado

  ____

  ____

9. **¿A qué elemento de un programa educativo pertenece esta definición?**

   Una selección de las capacidades consideradas como básicas (de las expresadas en los objetivos) y de los contenidos que contribuyen a desarrollar dichas capacidades. Es decir son indicadores de la efectividad los aprendizajes.

   ____

   ____

10. **Complete este texto sobre la Ley Orgánica 3/2020, de 29 de diciembre (LOMLOE), y sus aportaciones más importantes a los procesos de atención a la diversidad.**

    La Ley Orgánica 3/2020, de 29 de diciembre, modifica la Ley Orgánica 2/2006, de 3 de mayo, de Educación (LOMLOE), derogando la __________ e introduciendo importantes modificaciones en la __________, ley vigente desde el año 2006. Esta norma ofrece medidas de atención a la diversidad para la obtención del graduado en educación secundaria obligatoria, formación profesional y __________, además de los procesos relacionados a incluir en los ______________,entre otras cuestiones.

11. **Conteste "Si" o "No" a las siguientes preguntas cortas con respecto a la implementación del programa de control de esfínteres.**

    a. ¿Es imprescindible descartar alteraciones orgánicas y fisiológicas cuando aparezca la incontinencia? _____
    b. ¿Es necesario que el niño/a permanezca más de una hora sentado/a? _____
    c. ¿El sitio de eliminación tiene que ser el cuarto de baño? _____
    d. ¿Es el castigo el método más adecuado para alcanzar logros en el control de esfínteres? _____

12. **¿Cuáles son los cuatro componentes básicos de los criterios de evaluación?**

____

____

____

____

13. **Tache las palabras que no procedan.**

Para la elaboración de un Programa de Autonomía e Higiene en el Aseo se considerarán los siguientes principios generales:

- Enfoque (General / Globalizado). Referido a que formará parte del proyecto (general / global) educacional del alumnado, con la intervención de todos los (agentes / componentes) educativos.
- Enseñanza (individualizada / singularizada). Se ha de partir de la premisa de que se enseña a personas (plurales / individuales), con peculiaridades y características concretas.
- (Exclusividad / Funcionalidad). Se obtiene con experiencias y enseñanzas significativas y siempre relacionadas con lo (previamente / posteriormente) aprendido.

14. **Clasifique las siguientes enfermedades en la columna que corresponda.**

Enfermedades respiratorias	Alteraciones músculo-esqueléticas

Asma, claudicación neurógena, pulmonía, hernia hiatal, lumbago crónico, tendinitis, influenza, tuberculosis, resfriado, bursitis.

15. El modelo Mastery o Competente y el modelo Coping o de Afrontamiento son subtipos de la técnica...

a. ... refuerzo diferencial.
b. ... imitación-modelado.
c. ... encadenamiento hacia delante.
d. ... desvanecimiento ayudas.

Capítulo 2

Aseo personal del ACNEE

Contenido

1. Introducción
2. Tipología y características
3. Actuaciones en el aseo personal: vestido, aseo, baño, cambio de compresa y pañal
4. Intimidad del ACNEE: protocolos
5. Ayudas técnicas para el vestido/desvestido y en el entorno del baño: tipo, funcionamiento y características
6. Higiene en el aseo del ACNEE: higiene postural para asearle
7. Lesiones derivadas de una incorrecta higiene postural
8. Resumen

1. Introducción

La higiene personal es el término esencial del cuidado, aseo y limpieza del cuerpo. Generalmente el aseo personal se refiere al acto que un sujeto de forma autónoma y por cuenta propia, lleva a cabo para encontrarse limpio y libre de impurezas en su parte externa. Se realiza con el fin de conservar la limpieza de cualquier agente externo y es fundamental para poder conservar la salud, mejorando incluso la calidad de vida. Es elemental el lavado de manos periódicamente y la ducha o baño diarios.

En algunas personas, requiere una mayor dificultad porque tengan algún impedimento físico o bien alguna discapacidad, por lo tanto si se tratan de niños/niñas se deben dotar de herramientas y recursos básicos para que sean lo más autónomos posibles a la hora de practicar el aseo personal. Debido a factores físicos y/o psíquicos, los alumnos o alumnas con necesidades educativas especiales manifestarán confusión y se mostrarán abrumados por una simple rutina diaria como es la higiene o aseo personal, así como que sus familiares se desborden ante tal circunstancia y les cueste trabajo afrontarla.

El aseo personal, por lo tanto es el tiempo que cada persona emplea en el cuidado de su cuerpo.

Es un acto totalmente recomendado por la comunidad médica porque previene infecciones, enfermedades y otras alteraciones, especialmente de la piel. El aseo individual protege e incrementa la salud de las personas.

2. Tipología y características

Para que la higiene y aseo personal sean integrales y completos, se detallarán los tipos que se describen a continuación.

2.1. Higiene de la piel y del cabello

La piel es la barrera que evita que los gérmenes accedan al organismo humano, y a la vez ayuda a la regulación de la temperatura del cuerpo mediante el sudor producido por las glándulas sudoríparas. También existen las glándulas sebáceas que fabrican una materia grasa que lubrifica la piel y la impermeabiliza.

Por otra parte, las sustancias que se segregan junto con la piel descamada, la suciedad y el polvo exterior provocan la proliferación de gérmenes y el contagio de enfermedades.

Algunas de las enfermedades que se contagian por la suciedad de la piel y el cabello son:

- **Piojos (pediculosis).** Es una alteración de la piel provocada por la infestación de piojos, se localiza normalmente en el cuero cabelludo.
- **Sarna.** Es una afección cutánea ocasionada por un ácaro parásito denominado *sarcoptes scabiei.*
- **Impétigo.** Es una de las infecciones de la piel más habitual entre los niños y niñas, suele desarrollar ampollas o úlceras distintas zonas del cuerpo. Es contagiosa y superficial y la produce dos especies de bacteria: *staphylococcus aureus* y *staphylococcus pyogenes.*
- **Acné.** Es una afección crónica inflamatoria cutánea que implica a las unidades pilosebáceas: el folículo piloso y las glándulas sebáceas.
- **Pie de atleta.** Se trata de una infección micótica provocada por hongos dermatofitos. Afecta a los pliegues interdigitales, los bordes y la planta del pie.
- **Conjuntivitis.** Es la inflamación o infección de la conjuntiva, que es la membrana que envuelve a los párpados.
- **Molusco contagioso.** Es una afección cutánea de origen vírico, suele curarse por sí sola.

Por lo tanto, la ducha debe ser diaria con jabón y agua, en especial cuando hace calor, o bien a continuación de realizar un esfuerzo físico o en ambientes con polución y suciedad para la eliminación de todas estas secreciones. Se debe prestar especial atención a ingles, axilas, zona genital y alrededor del ano, así como en los pies y manos.

El cabello debe lavarse con champú con frecuencia. Los peines son de uso personal y se limpiarán con soluciones detergentes. Si se han detectado parásitos como por ejemplo piojos, se deberá utilizar un tratamiento desparasitario para tratar la infectación.

Tras la ducha, se ha de secar perfectamente la piel.

Otros cuidados de la piel

La humedad se debe evitar, ya que la piel se ablanda y se elimina su propiedad de barrera ante las infecciones. Se debe secar con cuidado y se mudará la ropa a menudo, en concreto la interior, con el objetivo de mantenerla siempre seca y limpia.

La piel se debe proteger de una exposición al sol excesiva, empleando ropa adecuada a la temperatura y protectores solares.

Se debe evitar el roce continuo de la piel con ropa o con calzado porque puede crear rozaduras e infecciones.

La ducha o el baño en los niños o niñas ha de ser diaria.

Productos Específicos

El **jabón o gel de baño** es la sustancia que se emplea para la limpieza corporal de la piel durante el baño o ducha diaria. Se presenta en distintos formatos como líquido o en pastilla y con distintos aromas o colores.

Generalmente posee el pH equilibrado. Esto determina el grado de acidez o suavidad de la piel, que se mide en una escala de 0 a 14, siendo 0 el valor más ácido y 14 el más básico. En los niños y niñas suele estar entre un 5,5 y un 7 (pH neutro).

El **champú** es un producto específico para cuidar el cabello. Se utiliza para lavar el cabello de grasa que generan las glándulas sebáceas, escamas de piel y demás partículas contaminantes que progresivamente se acumulan en el cuero cabelludo y en el cabello.

Cuando se mezcla champú con agua, se convierte en un tensoactivo, el cual mientras limpia el cabello y cuero cabelludo, puede eliminar el sebo que engrasa la raíz del cabello. Después de aplicar el champú se puede proceder al uso de un acondicionador, para que el cabello quede más suave y más fácil de peinar.

Nota

El desodorante es un producto que se aplica en las axilas, para disminuir el olor de la transpiración.

El sudor humano es inodoro, pero el mal olor es causado por una bacteria que prolifera en ambientes calurosos y húmedos. Este olor es rechazado en bastantes culturas, puesto que parece denotar una incorrecta higiene personal (aunque no siempre es de esta manera), de ahí el deseo de eliminarlo.

Los desodorantes actúan de esta manera: inhiben el desarrollo de la bacteria que provoca el olor. Esto se logra con compuestos químicos antibacterianos. Poseen distintos perfumes y fragancias para encubrir el aroma de la traspiración.

Los desodorantes se aplican con un aerosol, en barra o en gel.

Actividades

1. ¿Qué es la higiene personal?
2. Enumere cinco productos químicos que se usan en el aseo personal.
3. ¿Qué tratamiento administrarías a un niño o niña que tuviera piojos?

2.2. Higiene de las manos

Las manos son el principal instrumento de contacto, sobre todo en los niños y niñas que descubren y curiosean el mundo tocándolo. Por lo que se mancharán frecuentemente con diversas sustancias, a la vez que son fuente de contaminación, pues alrededor de las uñas, se acumulan múltiples gérmenes. Entonces es fundamental lavarlas a menudo con agua y jabón, usando el cepillo para la limpieza de las uñas si fuese necesario.

También debe establecerse como rutina el lavado de manos antes de comer y después de ir al WC.

Niña lavándose las manos en un lavabo adaptado a su altura

Otro cuidado específico de las manos a tener muy en cuenta es el corte de las uñas. Han de recortarse de forma curva regularmente para evitar acumular suciedad.

Recuerde

La higiene de manos se establecerá como rutina antes de comer y después de ir al baño.

2.3. Higiene de los pies

En los pies se aglutinan glándulas del sudor y el cúmulo de secreciones provocará olores muy desagradables, por lo que los pies han de lavarse diariamente. Existen casos de sudoración excesiva, en los que se administrarán compuestos específicos que la disminuyen. También se intentará conservar los pies secos para evitar la proliferación de hongos.

Como en las manos, se deberá recortar las uñas de los pies de forma recta, para evitar la cantidad de gérmenes.

2.4. Higiene de la boca y dientes (bucodental)

La higiene bucodental se debe inculcar en los primeros años de vida del niño o niña. Resulta un hábito que los niños y niñas tienen que adquirir desde que les sale el primer diente, ese es el momento de empezar a utilizar el cepillo de dientes, sin pasta dental, pues el niño o la niña tiende a tragársela.

El **cepillo de dientes** es de uso personal y debe sustituirse regularmente, cada dos meses, aproximadamente. Su utilización para la limpieza de los dientes y lengua será después de todas las comidas, es imprescindible para la prevención de caries e infecciones en las encías. Los alimentos y bebidas que se ingieren dejan residuos entre los dientes que, al fermentar, propician la aparición de estos procesos.

Los niños, a partir de los 6 años, deben visitar periódicamente al dentista.

Otro utensilio muy útil para la higiene bucodental es el **hilo dental.** Se trata de un conjunto de filamentos ultrafinos de nylon o plástico que se usa para quitar restos de comida y placa bacteriana de los dientes.

Se usa intercalando el hilo entre los dientes, de esta forma se recorrerá el extremo de los dientes. En la encía hay que hacer un especial hincapié, algo que unido al cepillado de dientes servirá de prevención de halitosis, infecciones de las encías, caries dentales.

Secuencias de higiene bucodental con cepillo y con hilo dental

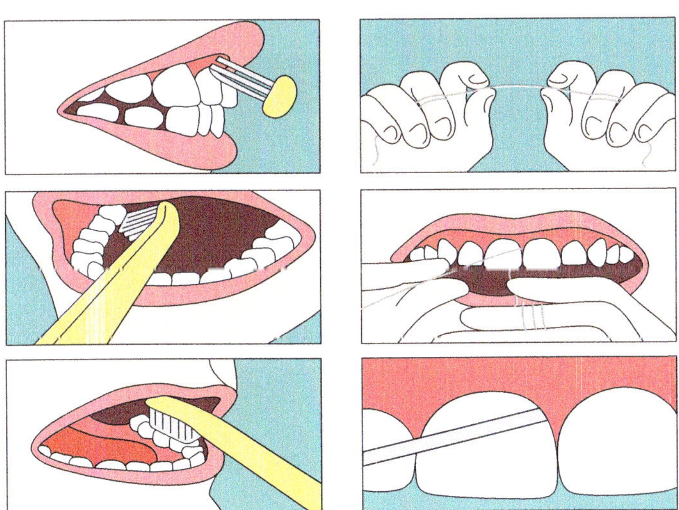

Un ejemplo de las fases que se han de seguir para el cepillado de dientes en alumnos y alumnas con necesidades educativas especiales sería:

- La primera fase del cepillado se realizará en seco, usando el cepillo sin agua y sin pasta dentífrica, donde se eliminarán las bacterias adheridas a los dientes superficialmente.

- Se aconsejará que el cepillado sea suave. Si se realiza enérgicamente existe el riesgo de disminuir el tamaño de las encías y desgastar el esmalte dental.
- El cepillado será minucioso, llegando a todos los rincones con repetidas pasadas. El cepillo se desplazará suavemente y en poca extensión. El movimiento ideal es el circular o elíptico pero sin variar la posición.
- Para el cepillado de la parte más honda de la boca hay que cerrarla, pues si se deja la boca abierta es más dificultoso el acceso del cepillo a los molares del final.
- Se debe insistir en el surco que existe entre la encía y el diente porque las bacterias tienden a retenerse allí.
- Por último, es preciso cepillar la lengua al terminar con la limpieza de los dientes, allí se hayan las bacterias también.

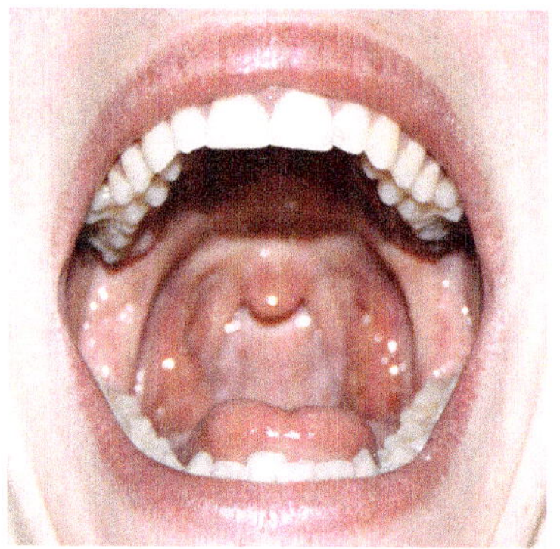

En la boca y en los dientes se generan gran cantidad de bacterias.

Consejo

La higiene bucodental debe ser constante y repetidas veces al día, pues las bacterias nunca duermen. La placa bacteriana vuelve a establecerse sobre la superficie dental en menos de 24 horas.

2.5. Higiene del oído

Las orejas y oídos han de limpiarse diariamente para retirar sus secreciones, pero se debe evitar la introducción de bastoncillos de algodón en el conducto auditivo, pues esto beneficia la formación de tapones de cera y puede perjudicar al conducto e incluso perforar el tímpano.

Lo más aconsejable para la limpieza de los oídos es que en el momento de la ducha, se ladee la cabeza con el objetivo de que se introduzca agua tibia en el oído y luego dar unas sacudidas. Una vez que se acabe la ducha, se debe secar con una toalla el pabellón auricular.

El conducto auditivo se limpia solo, no obstante se recomienda limpiar al oído con un trapito con agua y jabón.

2.6. Higiene genital

La higiene de los genitales se debe llevar a cabo todos los días y ha de ser cuidadosa y meticulosa.

Para su limpieza se usará agua y un jabón neutro. En el caso de las niñas, nunca se usará ni jabón ni otros productos dentro de la vagina.

Es fundamental que después del baño o ducha, se seque la zona genital totalmente, prestando atención a los pliegues glúteos e inguinales. Se puede dar el caso de que si queda humedad, se propicie un ambiente idóneo para la proliferación de bacterias, hongos e infecciones.

Importante

Todas las personas requieren una limpieza íntima genital sistemática y eficiente.

4. ¿Es cierto que el flúor combate las caries dentales? Razone su respuesta.
5. ¿Cómo se tendría que lavar un niño sus genitales cuando tiene una circuncisión?

2.7. Higiene del vestido y calzado

En el caso de los niños o niñas con necesidades educativas especiales, la ropa que utilicen no deberá ser ni muy estrecha y que no produzca compresiones. No debe entorpecer los movimientos básicos del cuerpo.

En la ropa, así como en el calzado del alumnado con dificultades, se harán las adaptaciones necesarias en base a las limitaciones de cada alumno o alumna.

El calzado debe tener las siguientes características:

- Cómodo y flexible.
- Que permita la variación de volumen del pie en los distintos momentos del día.
- Que sea traspirable.
- Adecuado al clima.

Importante

El calzado se mantendrá limpio y seco, utilizando si es preciso polvos desodorantes y/o contra los hongos.

Es primordial incidir en la importancia de la limpieza de la ropa, y en concreto de la ropa interior. Los niños y niñas tienen que asumir este concepto y hay que crearles la necesidad de tener la ropa limpia.

La ropa interior será preferiblemente de fibras naturales, que facilite la transpiración y dificulte la presencia de alergias.

3. Actuaciones en el aseo personal: vestido, aseo, baño, cambio de compresa y pañal

La adquisición de tales hábitos supone un gran paso para la independencia y la propia autoestima. En este epígrafe se abordarán las distintas actuaciones que se llevarán a cabo en cada una de las competencias que componen una adecuada higiene personal y aseo.

3.1. Actuaciones en el vestido

Una de las premisas más importantes para un niño o una niña con necesidades educativas especiales es hacer las cosas solo. Vestirse y desvestirse es un acto que se hace cada día, por lo tanto es preferible dejarle autonomía en su práctica. Entonces, diariamente un sujeto con necesidades educativas especiales se enfrenta a la importante tarea de vestirse y desvestirse, que además debe hacer solo preferiblemente.

Algunas pautas para tal tarea serían:

- Para el vestido conviene estar sentado sobre alguna superficie, que permitirá máxima movilidad.
- Para la colocación de cualquier prenda de vestir del hemicuerpo superior, es aconsejable comenzar por el brazo más afectado de menos movilidad (si fuera el caso).
- Para la colocación de pantalones o prenda inferiores, lo más adecuado es tumbarse o casi tumbarse.
- Para ponerse los calcetines, es preferible cruzar una pierna sobre otra y colocarlos así.

- Para colocar zapatos o zapatillas, se tirará con fuerza de los cordones y se meterán dentro de la zapatilla/zapato, de esta forma es como si se tuvieran los cordones atados.
- Para colocarse un gorro existe un truco fácil: fijar una parte del gorro con los dientes y tirar.
- Para que el acto del vestido sea más efectivo se han de utilizar cierres en la ropa, de manera que facilite la colocación y retirada de la ropa. Se aprenderían estas actuaciones: subir/bajar cremalleras, enganchar una cremallera, abotonar, desabotonar, realizar nudos y lazos,
- Si la autonomía e independencia fuera muy limitada, las actuaciones en el vestido y desvestido se centrarían exclusivamente en la colaboración del niño o de la niña en cada pauta.

Para la enseñanza-aprendizaje de la colocación de los zapatos, se le trasmitiría al niño o niña con necesidades educativas especiales, las siguientes premisas:

1. Tendrá que tirar del zapato hasta el talón, una vez que se le haya introducido los dedos del pie.
2. Se procurará que introduzca los pies en los zapatos cuando se les de.
3. Se tratará de que se ponga cualquier tipo de zapato en su pie correspondiente.

Cuando se comience con el aprendizaje se dirigirán todos los movimientos de la niña y se irá disminuyendo poco o poco el apoyo. También se empleará un calzador adaptado a niños para facilitar la tarea de la colocación del calzado.

3.2. Actuaciones en el aseo

En cuanto a las actuaciones en el aseo diario, se destacarían:

- Tener conciencia de limpieza/suciedad.
- Expresar el malestar por estar sucio/a.
- Lavar y secar las manos, esta sería la secuencia aproximada:

1. Se desabrocha el botón de las mangas.
2. Se sube las mangas.
3. Coge gel.
4. Abre el grifo.
5. Se moja y restriega las manos.
6. Se enjuaga las manos.
7. Cierra el grifo.
8. Coge la toalla/papel de su lugar.
9. Se seca las manos.
10. Pone la toalla en el toallero o tira el papel a la papelera.

- Lavar y secar la cara, se seguirían estos pasos:

1. Se desabrocha el botón de las mangas.
2. Se sube las mangas.
3. Abre el grifo.
4. Se moja las dos manos.
5. Se frota la cara, hasta observar en el espejo que la tiene limpia.
6. Coge la toalla o papel.
7. Se seca la cara con la toalla o papel.
8. Deja la toalla en su sitio o tira el papel a la papelera.

- Cepillado de dientes, con los pasos que se describen a continuación:

1. Se abre el grifo.
2. Se llena el vaso de agua.
3. Se abre el tubo de pasta de dientes.
4. Se coloca la pasta en el cepillo.
5. El niño o niña se cepilla los dientes con ayuda.
6. El niño o niña se cepilla los dientes delanteros.
7. Se cepilla los dientes posteriores.
8. Se cepilla todos los dientes.
9. Se enjuaga los dientes.
10. Tira el agua de la boca dentro del lavabo.
11. Se limpia la boca con agua.
12. Limpia los utensilios.
13. Coloca los utensilios en su sitio.

- Peinarse, las actuaciones serían:

  1. El niño o niña se peina hacia delante con ayuda.
  2. Se peina solo/a hacia delante.
  3. El niño o niña se peina hacia delante, hacia atrás y a los lados.
  4. El niño o niña se peina solo/a haciéndose si es necesario la raya o algún peinado más complicado.

- Sonarse la nariz, serían los siguientes pasos:

  1. El niño o niña coge el pañuelo y lo pone en contacto con su nariz.
  2. El niño o niña se restriega la nariz con el pañuelo.
  3. El niño o niña sopla por la nariz, al mismo tiempo que recoge la mucosidad dentro del pañuelo.
  4. Lo tira a la basura.

La limpieza de manos y cara es necesaria varias veces al día, motivo por el cual se ha de educar al niño o niña específicamente en esta actividad y lo más inmediatamente posible.

3.3. Actuaciones en el baño

Las actuaciones en el baño requieren determinada madurez y el desarrollo de ciertas habilidades con autonomía en el niño o la niña. A partir de aquí se podrá intentar educar en el baño.

Durante los primeros baños, se le irá ayudando guiándole la mano; a medida que pasen los días se irá observando cómo adquiere autonomía. Progresivamente se irá dejando solo para bañarse. De todas formas, se establecerán unas normas para la rutina del baño:

- Se ha de llevar a cabo a la misma hora.
- Utilizar actividades de juego en el baño; por ejemplo que se meta juguetes en la bañera, como medio favorecedor para que el niño o niña se acostumbre a bañarse.

- No dejar al niño o la niña en ningún momento solo resulta muy peligroso; cualquier incidente puede hacerle perder la confianza en sí mismo, con el consiguiente retroceso del aprendizaje.
- Estimularle para que vaya limpiándose solo con una esponja o manopla por todas las partes del cuerpo, en la medida de sus posibilidades.
- Desarrollar el hábito del baño como una necesidad, no como una imposición que le haga coger fobia al baño.
- Para salir de la ducha o bañera, es conveniente ayudarle hasta que consiga una plena autonomía.
- Es recomendable el uso de una toalla grande que dote de mayor autonomía al movimiento y no le suponga demasiado esfuerzo.

Para favorecer el hábito del baño, se pueden meter juguetes en la bañera.

3.4. Actuaciones en el cambio de compresa y/o pañal

Cuando la niña con necesidades educativas especiales ha madurado y tiene la menstruación, es primordial que tenga competencias (en la medida de sus capacidades) para ponerse y/o cambiarse la compresa, las pautas podrían ser:

1. Entre el dedo índice y pulgar, se agarra un extremo de la compresa y se quita de la braguita.
2. A continuación, se dobla con la parte manchada hacia su interior.
3. Se envuelve en un trozo de papel higiénico o en el envoltorio de la propia compresa y se aparta en el suelo.
4. A la compresa nueva se le despega el papel adhesivo y se coge por el extremo.

5. Posteriormente, la sujeta por los extremos y se pega presionando sobre la braguita.
6. Se amontonan los papeles adhesivos junto con la compresa sucia y se echan a la basura.
7. Se coloca la ropa y se lava las manos.

Respecto al cambio de pañal de niños o niñas con necesidades educativas especiales, se tendrían en cuenta las actuaciones que se detallan a continuación.

Primero, la persona que va a realizar el cambio de pañal se lavará y secará las manos con el objeto de prevenir infecciones. Después se prepararán todos los útiles para el cambio al alcance de la mano. Se elegirá un lugar agradable, con una temperatura adecuada. Las actuaciones que se llevarán a cabo son:

1. Se despegan los cierres adhesivos del pañal y se doblan para atrás. Se procederá a pegarlos sobre sí mismos para que no rocen ni raspen la piel del niño o la niña. Todavía no es recomendable que se retire el pañal sucio.
2. Si el pañal está sucio porque el niño o la niña ha defecado, se limpian primero los restos con el propio pañal, procurando tapar los genitales con una toallita o trapito, para evitar que se ensucien con los restos.
3. Seguidamente con una mano, se sujeta al niño o la niña por los tobillos y se le suben las piernas levemente levantándole un poco las nalgas. Resulta la manera más eficiente y práctica de hacerlo.
4. Se pliega el pañal sucio por medio y se deja bajo las nalgas del niño o niña (con la parte sucia hacia dentro del pañal).
5. Se utilizarán una toallita desechable o de tela mojada para limpiar con cuidado la zona genital del niño o niña. Las niñas se limpiarán en el sentido de delante hacia atrás. Esto reducirá la posibilidad de que entren bacterias del recto a la vagina, que podrían causar una infección.
6. Se levantarán las dos piernas del niño o niña y se limpiarán las nalgas. Ahora se cambiará el pañal sucio por uno limpio, que se colocará de tal forma: se abre el pañal y se sitúa la parte que tiene los cierres adhesivos bajo las nalgas del niño o niña. Después se dobla la parte de abajo sobre el vientre del niño o niña, pasándolo entre sus piernas.

Se tendrá la precaución de que el pañal no abulte excesivamente entre las piernas del niño o niña, lo cual podría producir incomodidad e irritación.

7. Se cierra el pañal y se adhieren las pegatinas a los dos extremos. Hay que cerciorarse de que se mantenga bien sujeto sin que le moleste en la piel.
8. Por último, se cierra el pañal manchado, liándolo y pegándole las pegatinas sobre sí mismo. Se pondrá en una bolsa o directamente en la basura para tal fin.

Nota

La adquisición de hábitos de aseo, baño, vestido y desvestido, supone un importante paso hacia el desarrollo de la autonomía personal, el respeto a la capacidad de autodeterminación y el fomento de la autoestima, la autoconfianza y las habilidades sociales.

4. Intimidad del ACNEE: protocolos

La intimidad es la protección de los actos y del propio sujeto respecto a los demás individuos, es decir, se trata de la parte de la vida de cada uno que afecta a sí mismo y que no ha de ser vislumbrada por los demás.

Por consiguiente, es fundamental que el alumnado con necesidades educativas especiales tenga asumidas una serie de pautas para preservar su intimidad respecto al resto de seres humanos, sobre todo en las actividades que se tratan en este manual como son el aseo y la higiene personal.

Para que el derecho a la intimidad sea real, los niños y niñas con dificultades especiales deben adquirir una serie de procedimientos destinados a estandarizar el comportamiento frente a situaciones específicas de aseo e higiene personal, entre ellos:

- Diferenciar el ámbito público del privado: partes del cuerpo, lugares y actividades.
- Comprender la necesidad de resguardar algunas partes del cuerpo a la esfera privada.
- Conocer las partes del cuerpo y las principales funciones anatómicas, así como los aspectos vinculados a la higiene corporal.
- Aprender a respetar su propia privacidad y la de otros, es fundamental en el crecimiento y maduración. Se trata de entender la necesidad de reservar algunas situaciones y comportamientos, a momentos y lugares privados e íntimos.

Desde el seno familiar se transmite la importancia de respetar la privacidad. Se trata de transmitirlo no de decirlo solo. El niño o la niña verá en hechos concretos la posibilidad de tener sus espacios y momentos privados, por ejemplo: ir al baño solo, ver que los demás se giran cuando alguien se cambia de ropa, saber que hay momentos y lugares que la familia aborda y respeta como íntimos. La privacidad se aprende a respetar a través del vínculo que los padres mantienen con el niño o la niña. Por lo tanto, se podría considerar:

- Fomento en su hijo/a para que vaya al baño solo/a o que se quede solo/a cuando está allí (siempre que sea probable).
- Enseñanza con el ejemplo que es primordial girarse cuando alguien se está cambiando de ropa.
- Hablar privada o íntimamente de algunos temas, evidenciando los temas que no se conversan públicamente.

Asimismo, es verdad que la falta de autonomía de algunos niños y niñas debido a su discapacidad lleva innata la necesidad de un contacto físico para realizar determinadas actividades de la vida cotidiana (tener que ser cogido, bañado, vestido, etc.). La consecuencia de este hecho se traduce en una dificultad fundamental para constituir límites personales.

Si se da el caso que el niño o la niña requiera ayuda para ir al baño, vestirse y desvestirse, debe tenerse en cuenta que la privacidad tendrá otros márgenes. No obstante, es prioritario preservar ciertos lugares y momentos a los que solo puede alcanzarse si el niño o niña lo permite. Se ha de promulgar (en la medida de las posibilidades) el entendimiento de estas normas, solicitándoles permiso cuando se les va a ayudar, interesándose si quieren hacer algo, reservando su sitio privado con una puerta o una cortina tupida.

Por parte de los docentes se debe tener en cuenta para el respeto de la intimidad de los alumnos y alumnas:

- Evitar actitudes invasivas de la intimidad de los alumnos y alumnas.
- Establecer estrategias para el desarrollo de la intimidad del alumnado con necesidades educativas especiales.

Aplicación práctica

En tu grupo clase, hay una alumna con necesidades educativas especiales con síndrome de Down, que tiene la menstruación, ¿qué pauta debería de seguir para el cambio de compresa?

SOLUCIÓN

Ante todo, abordaría la situación con total naturalidad y manteniendo la calma con la niña. Propiciando el respeto a su intimidad, habría que acompañarla al baño para que ella estuviera cómoda.

Se darían las explicaciones esenciales de a qué se le va a ayudar y habría que guiarla en la limpieza genital, aportándole pautas y actuaciones al respecto.

Hay que asegurarse de que la niña está tranquila con la presencia del profesional y hay que cerciorarse de que no se invade su intimidad.

Es primordial asegurarse de que tenga competencias (en la medida de sus capacidades) para el cambio de compresa, las pautas serían:

1. Entre el dedo índice y pulgar, se sujeta un extremo de la compresa y se retira de la braguita.
2. Seguidamente, se dobla con la parte manchada hacia dentro.

Continúa en página siguiente >>

<< Viene de página anterior

3. Se enrolla en un trozo de papel higiénico o en el envoltorio de la propia compresa y se aparta en el suelo o se tira a la basura.
4. A la compresa nueva se le despega el papel adhesivo y se agarra por el extremo.
5. Posteriormente, se le coge por los bordes y se pega presionando sobre la braguita.
6. Se amontonan los papeles adhesivos junto con la compresa sucia y se echan a la basura.
7. Se coloca la ropa y se lava las manos.

Actividades

6. Busque la definición de intimidad según la Real Academia Española de la Lengua. Escríbala y coméntela.

5. Ayudas técnicas para el vestido/desvestido y en el entorno del baño: tipo, funcionamiento y características

Las ayudas técnicas o también denominadas dispositivos de apoyo son instrumentos, productos, sistemas o apoyos manejados por una persona con discapacidad. Pueden ser diseñados específicamente o bien, estar disponibles en el mercado.

Sirven para disminuir, prevenir, neutralizar y/o compensar una discapacidad.

Las ayudas técnicas o productos de apoyo hacen referencia a cualquier herramienta (incluyendo dispositivos, equipos, instrumentos y *software)* fabricado especialmente o disponible en el mercado, utilizado por o para personas con discapacidad y destinado a: facilitar la participación social; proteger, apoyar, entrenar o sustituir funciones/estructuras corporales y actividades; o prevenir deficiencias, limitaciones en la actividad o restricciones en la participación.

En cuanto a las ayudas técnicas se tenderá a la normalización en todos los ámbitos, de tal forma que las adaptaciones sean las mínimas posibles y se utilicen transitoriamente, solo para un momento necesario y concreto.

Las adaptaciones serán individualizadas, es decir, se ajustarán a las necesidades y características de cada niño o niña proporcionar la máxima autonomía alcanzable.

Los ajustes serán homologados siempre y con garantía de seguridad para el niño o niña, así se previenen posibles lesiones y se aporta garantía para la salud.

5.1. Ayudas técnicas para el vestido/desvestido

El requisito clave para la adaptación de ayudas para el vestido y desvestido es que sean fáciles de usar, ligeras y resistentes.

Es recomendable el uso de los cierres de Velcro en la ropa de la persona con discapacidad, no obstante existen ayudas técnicas para cerrar y abrir otro tipo de cierres (botones, cremalleras...).

Ayuda para cierres

Por un lado, se puede encontrar un instrumento para subir y bajar las cremalleras, con un mango engrosado y un gancho.

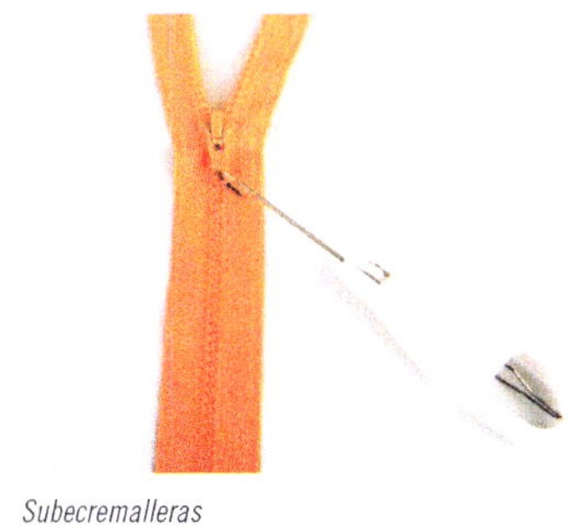

Subecremalleras

También existe un utensilio para facilitar el abrochado y desabrochado de los botones.

Abrochabotones

Clips para pantalones

Los clips o pinzas de pantalones facilitan la colocación de las perneras de esta prenda, sobre todo a aquellas personas con una menor movilidad en las piernas y en el tronco.

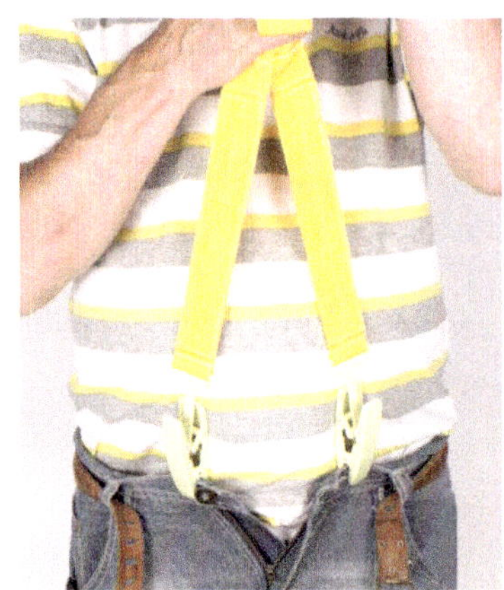

Clips pantalones

Descalzador

Con este utensilio no es necesario agacharse ni flexionar el tronco para quitarse los zapatos, pues permite realizar dicha acción con el apoyo del pie contrario.

Descalzador

Calzamedias-calzador

Esta ayuda técnica es doble: por una parte favorece al individuo a la colocación de los calcetines y, por otra, facilita la tarea del calzado, gracias a su dispositivo de mango largo.

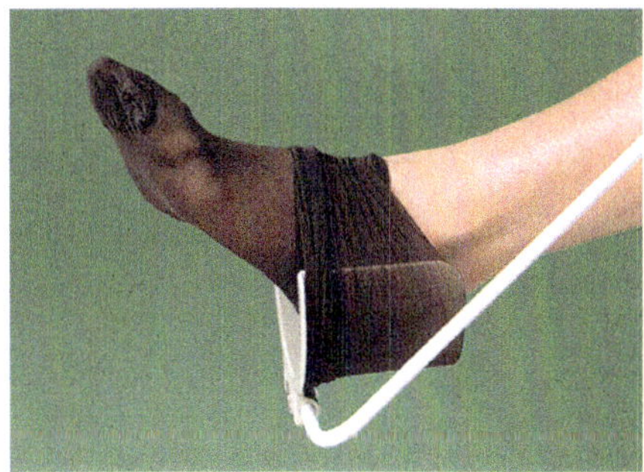

Calzamedias-calzador

Aplicación práctica

Es el tutor o tutora de una clase de Educación Especial donde hay un alumno que necesita silla de ruedas para su rutina diaria, pues tiene una discapacidad motora que le afecta a las piernas. Dentro de su dinámica escolar, plantea todas las mañanas una asamblea en una alfombra que existe en el aula, donde todos y todas se quitan los zapatos y/o calcetines. Si la época del año lo permitiera, ¿qué ayudas necesitaría este niño para quitarse los zapatos y/o calcetines y así no sentirse distinto?

Continúa en página siguiente >>

<< Viene de página anterior

SOLUCIÓN

En esta actividad diaria se le trasmitiría al niño que puede conseguir el objetivo de quitarse los zapatos de forma independiente como los demás.

Para lograrlo, se comenzaría con un apoyo continuado en este hábito para ir haciéndolo intermitente en función a su progresión, hasta que el niño tenga asumido este hecho de quitarse los zapatos para asistir a la asamblea cada mañana. Siempre se debe perseguir la autonomía de los alumnos y alumnas.

Por otra parte, se le aportará una ayuda técnica para favorecer que el niño que quite el calzado con más facilidad. El requisito clave de esta ayuda es que sean fáciles de usar, ligeras y resistentes.

La ayuda técnica que cumple esta misión es el calzamedias-calzador, su labor es doble: por una parte permite al niño la retirada de los calcetines y, por otra, facilita la tarea del descalzado, gracias a su dispositivo de mango largo.

En un principio, se le establecería el protocolo de uso hasta que él consiga adquirir el patrón de actuación.

5.2. Ayudas para el baño

Para realizar el baño de forma independiente se debe realizar una serie de pasos intermedios: vestirse y desvestirse, entrar y salir de la bañera, mantenerse en equilibrio de pie o sentado, manejar el jabón, alcanzar todas las partes del cuerpo y secarse.

Grúas

Hay muchos tipos de grúas, dependiendo del grado de afectación del sujeto se emplearán unas u otras. Sirven para apoyar en las movilizaciones y trasferencias de las personas con capacidad limitada.

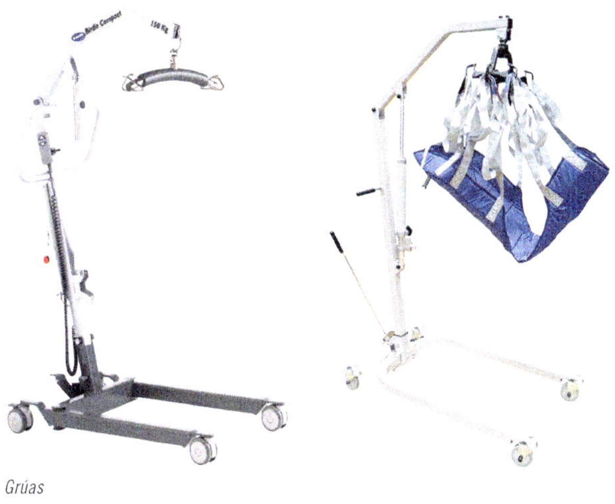

Grúas

Grifos adaptados y extraíbles

Para facilitar la ducha o baño también existen todo tipo de griferías adaptadas. Se pueden encontrar grifos con mango largo que favorece su apertura y cierre, grifos que se extraen, etc.

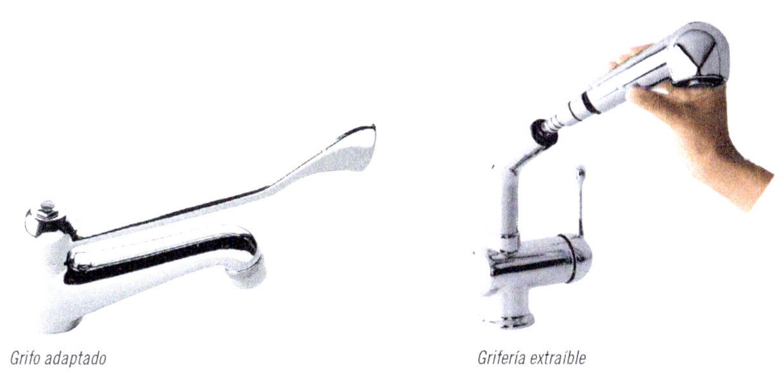

Grifo adaptado *Grifería extraíble*

Dosificadores de gel o champú

Son depósitos que contienen el producto a usar para el aseo (gel o champú), aportan comodidad a la actividad pues se obtiene el líquido presionando un botón o palanca.

Dosificador de gel de manos

Barras de apoyo o asideros

Se trata de unos utensilios que ayudan a las actuaciones que se deben realizar a la hora del baño o ducha. Estas barras o asideros facilitarán las trasferencias.

Asideros o barras en la ducha

Esponjas

Existen varios tipos de esponjas con ajustes para compensar discapacidades, entre ellas se destacan:

- **De mango largo flexible:** son aquellas esponjas con una barra que sirve de alargador para llegar a partes del cuerpo de difícil acceso.
- También se pueden utilizar **jabonosas de un solo uso,** que simplifican la acción de administrar gel o champú.

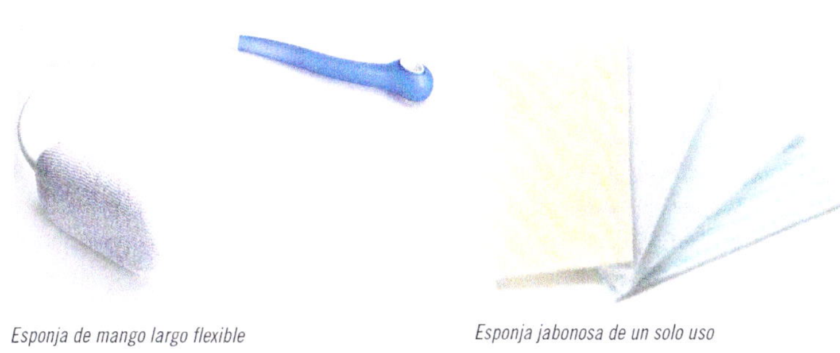

Esponja de mango largo flexible

Esponja jabonosa de un solo uso

Aplicador de loción y champú

Es un dispositivo con un cabezal extraíble para rellenarlo de champú o loción y, a continuación, aplicarlo en cabello o cuerpo.

Aplicador de loción y champú

Cortauñas adaptado

Son cortauñas adaptados para efectuar el corte de uñas de manos y pies.

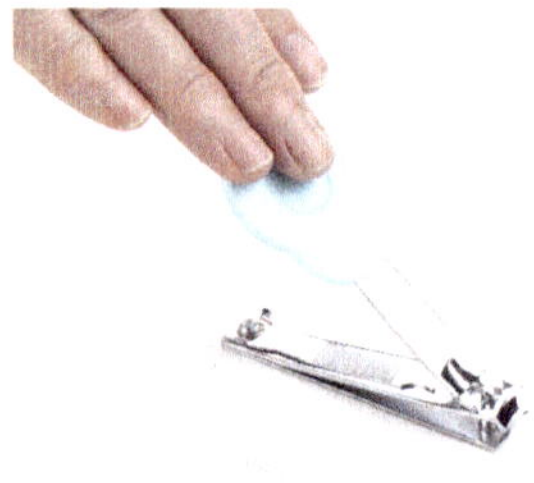

Cortauñas adaptado para manos

Bandas antideslizantes para la ducha

Una forma idónea de incrementar la seguridad durante el baño o ducha, es la colocación de bandas antideslizantes sobre el suelo de la ducha o bañera.

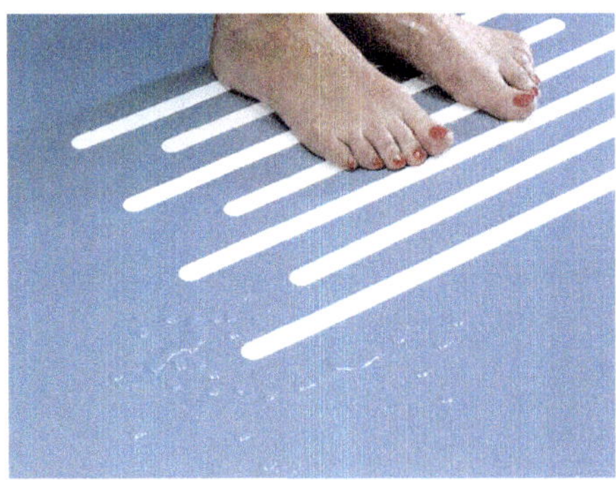

Bandas antideslizantes

Ayuda para la higiene íntima

Es un objeto que permite la higiene de la zona perineal de forma autónoma. Tiene una forma parecida a una L, por un extremo se aplican los tampones y por otro el papel higiénico.

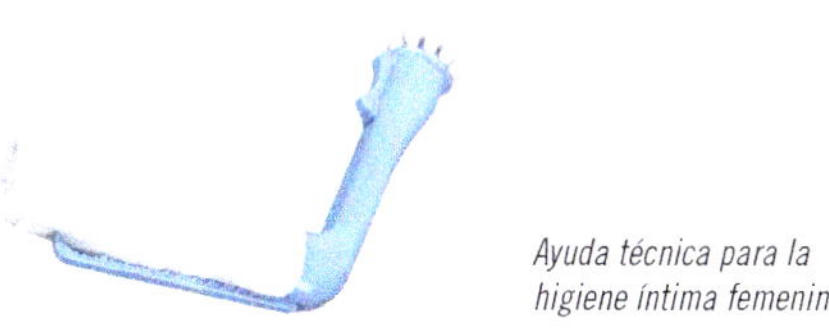

Ayuda técnica para la higiene íntima femenina

Peine o cepillo de mango largo angulado

Se trata de peines y cepillos con diseño ergonómico y curvado que facilita peinarse con un mínimo esfuerzo a personas con movilidad reducida. Están disponibles en el mercado con mango corto o largo, según la movilidad de los brazos y el hombro de cada persona.

Peine o cepillos de mango largo

Soporte para secador de pelo

El soporte para el secador de pelo es un mecanismo que posibilita el secado del pelo sin necesidad de sujetar el secador.

Soporte para el secador de pelo

Asideros

Los asideros son soportes de ayuda que facilitan el movimiento en la bañera de forma segura. Los asideros o barras de apoyo de baños para personas con discapacidad resultan de gran utilidad para impedir caídas y como punto de apoyo. Son accesorios imprescindibles para equipar un baño para personas con discapacidad.

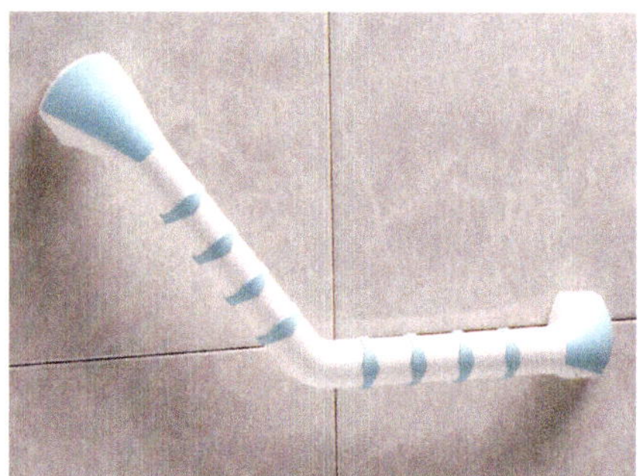

Ejemplo de asidero

Elevador de inodoro con o sin reposabrazos

Las personas con dificultad de movimiento y de agacharse pueden usar este tipo de elevadores del WC. Se comercializan con reposabrazos y sin ellos, con la intención de ayudar en el acto de sentarse y levantarse.

Esta ayuda permite elevar la altura del inodoro y, junto con los reposabrazos, facilita la incorporación desde el mismo.

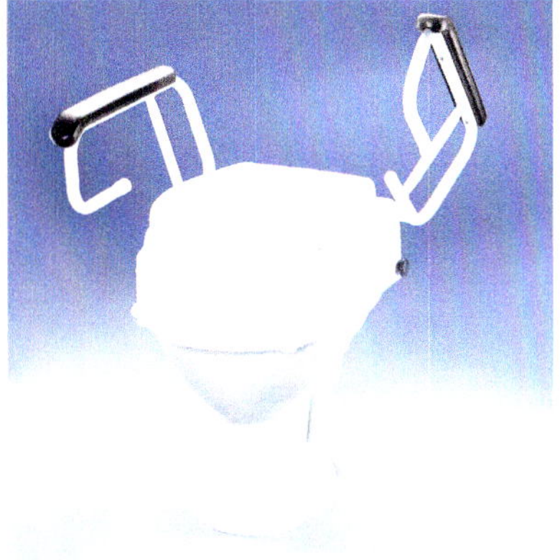

Elevador de inodoro con reposabrazos

Limpiadores para pies

Para el cuidado y limpieza de los pies, se ha diseñado un utensilio para tal fin. El objeto es procurar que la persona con discapacidad no tenga que ejercer gran esfuerzo en esta actividad.

También existe en el mercado un limpiador específico para uñas.

Limpiador para pies

Actividades

7. Indague acerca de las ayudas técnicas para otras actividades de la vida cotidiana. Enumere algunas.
8. ¿Qué ayuda técnica emplearía para enseñar a un niño o niña con dificultades motoras a ponerse una camisa?

6. Higiene en el aseo del ACNEE: higiene postural para asearle

La higiene postural es el grupo de medidas que se deben acuñar para la óptima realización de cualquier hábito postural o actividad, que determinada persona ejecuta a lo largo de la vida, así como las directrices que sirvan para corregir actitudes posturales incorrectas.

Lo que permite la higiene postural es el aprendizaje de posturas correctas, estáticas o dinámicas, que permite evitar lesiones relacionadas con malas posturas en cualquier dimensión de la vida diaria.

La higiene postural aborda dos factores: los hábitos posturales y los factores del exterior como los espacios y el mobiliario.

Dejar claro que la postura correcta a nivel fisiológico es la que no es dolorosa, ni fatigante y que no altera ni el ritmo ni el equilibrio ni la movilidad humana. Desde el punto de vista anatómico, se distinguen tres posturas:

- Bipedestación.
- Sedestación: anterior, intermedia y posterior.
- Decúbito: supino, prono y lateral.

Nota

Los aspectos emocionales tienen también repercusión en la higiene postural, como responsables del mantenimiento de posturas crispadas y de contracturas musculares localizadas sobre todo a nivel cervical.

Cuando se dé la circunstancia de tener que asear o apoyar a un niño o niña en las actividades de la vida cotidiana, es fundamental tener muy presentes las siguientes normas para realizar movilizaciones o trasferencias:

- **Flexionar las piernas (caderas y rodillas)**
- **Mantener la espalda recta**
- **Aproximar el cuerpo del niño o niña a la que se está ayudando.** Cuando hay que mover a un niño o niña con limitaciones en la movilidad, se debe mantener su cuerpo muy cerca del propio cuerpo, así se reparte mejor la carga.
- **Seguridad en el agarre.** Se debe sujetar con firmeza al niño o niña al que se le brinda ayuda para evitar caídas.
- **Ampliar nuestra base de sustentación.** Los pies deben de estar separados para aumentar el equilibrio, dirigiendo una de las puntas de los pies en la dirección del movimiento y la otra ligeramente flexionada para realizar el desplazamiento con las piernas y no forzar la espalda.
- **Sincronizar los movimientos.** Se debe crear un contrapeso al trasladar al niño o niña, realizando los movimientos al mismo tiempo. Así se reduce su peso a menos de la mitad.

Importante

La intensidad de un esfuerzo depende de la postura adoptada.

Aplicación práctica

¿Cómo apoyaría en la ducha de un niño con una discapacidad motora leve en las extremidades superiores?

SOLUCIÓN

Un niño con discapacidad motora tiene dificultad de movimiento, en este caso en los brazos. Por lo tanto, el apoyo docente para la ducha será fundamental para evitar la frustración de no poder realizar el acto de ducharse de forma autónoma. Siempre se iniciará el aprendizaje en coordinación con la familia.

Básicamente la actuación del profesional se centrará en dirigirle su mano para frotar todas las partes del cuerpo con jabón, de forma que sea efectivo el aseo. Se procurará guiar el sentido del movimiento con la esponja e ir retirando la ayuda a medida que el niño vaya asumiendo el patrón establecido.

Se usará un mecanismo de apoyo para las zonas más difíciles de llegar, este será una esponja de mango largo y flexible. De la misma forma, se comenzará guiando la trayectoria de lavado se irá retirando poco a poco.

Para la entrada y salida de la ducha, se evitarán accidentes y siempre se pedirá la colaboración del niño, explicándole las posturas más adecuadas en estos casos.

Jamás se incumplirían las normas de una correcta higiene postural: flexionar las piernas, mantener la espalda recta, aproximar el cuerpo del niño/a al del profesional, seguridad en el agarre, ampliar nuestra base de sustentación y sincronizar los movimientos.

7. Lesiones derivadas de una incorrecta higiene postural

Los malos hábitos posturales son causa de la aparición de problemas en la columna vertebral o en la musculatura de la espalda.

Ya se ha aclarado que la higiene postural son todas aquellas medidas que se deben adoptar para realizar determinadas actividades diarias que precisan esfuerzo y que, llevadas a cabo inadecuadamente, pueden ocasionar lesiones y patologías como: la escoliosis, el lumbago, hernia discal...

7.1. Escoliosis

La escoliosis es una curvatura que no es normal de la columna vertebral. De manera natural, la columna vertebral de todas las personas se curva un poco, pero las sufren escoliosis tienen una curvatura excesiva y su columna se parece a las letras "c" o "s".

La causa de la escoliosis es desconocida en casi todos los casos. El tipo más usual es la denominada **escoliosis idiopática.** Este tipo se clasifica por edad:

- Escoliosis infantil: se da en los niños o niñas de 3 años o menos.
- Escoliosis juvenil: la sufren los niños o niñas de 4 a 10 años.
- Escoliosis adolescente: la padecen los niños o niñas de 11 a 18 años.

La escoliosis afecta frecuentemente a las niñas. No obstante, algunas personas básicamente tienen un mayor encorvamiento de la columna vertebral. Normalmente, la curvatura de la columna se ve peor durante una etapa de crecimiento más rápido.

Existen otros tipos de escoliosis como:

- **Escoliosis congénita:** se presenta en el nacimiento y sucede cuando las costillas o vértebras del bebé no se forman apropiadamente.
- **Escoliosis neuromuscular:** esta escoliosis tiene como causa un problema en el sistema nervioso que afecta los músculos, como distrofia muscular, parálisis cerebral, espina bífida y polio.

En cuanto a los síntomas, por lo regular no hay. Sin embargo, estos pueden comprender:

- Curvaturas de la columna más hacia un lado.
- Dolor de espalda o lumbago.
- Sensación de cansancio en la columna después de estar parado o sentado mucho tiempo.
- Lucen desiguales los hombros y cadera (puede estar un hombro más alto).

Síntomas de la escoliosis

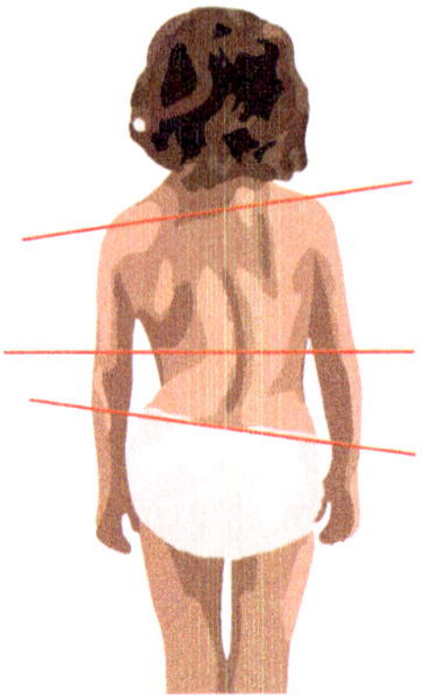

Hombros desnivelados

Curvatura de la columna

Caderas desniveladas

A las familias con niños o niñas que padezcan escoliosis, se les debería hacer las siguientes recomendaciones:

- En primera instancia se les remitiría al tratamiento médico oportuno a cada caso y se les insistiría en la vigilancia de la enfermedad (en cuanto a la curvatura).
- A los padres, se les trasmitiría que la postura que se adopte en el día a día tiene mucho que ver a la hora de conseguir una espalda sana. Por lo que algunas recomendaciones serían:
  - Fortalecer la zona afectada para evitar que la escoliosis aumente y dé más problemas a largo plazo.
  - La natación ayudará a aliviar tensiones de la espalda.
  - Mantener una correcta higiene postural.

7.2. Lumbago

La causa más común de dolor lumbar o lumbalgia es el estiramiento o esguince muscular. En los niños o niñas, el problema suele surgir con la práctica de juegos, deportes, cargar con un peso excesivo sobre la espalda (mochilas escolares) o como consecuencia de una caída. Otras causas menos comunes incluyen: anomalías o malformaciones vertebrales; infecciones; artritis y en muy raras ocasiones, cáncer.

La lumbalgia o lumbago es un concepto empleado para el dolor de espalda baja, en la zona lumbar, producido por un síndrome músculo-esquelético, es decir, alteraciones relativas a las vértebras lumbares y las estructuras de los tejidos blandos como músculos, ligamentos, nervios y discos intervertebrales.

7.3. Hernia discal

Se debe a la salida del disco invertebral, cada vez más frecuente a edades tempranas, normalmente ocasionadas por el levantamiento de peso sin flexionar las rodillas. Es decir, la hernia discal o de disco es una afección en la que parte del núcleo pulposo del disco intervertebral se mueve hacia la raíz nerviosa, la presiona y provoca lesiones neurológicas derivadas de esta alteración.

Actividades

9. Investigue si se sabe por qué es más frecuente la escoliosis en las niñas.
10. ¿Qué tipos de exámenes diagnósticos se hacen para diagnosticar una hernia discal?
11. Defina:
    - Bipedestación.
    - Sedestación: anterior, intermedia y posterior.
    - Decúbito: supino, prono y lateral.

8. Resumen

Para la implementación de un Programa de Autonomía e Higiene Personal en el aseo de alumnos y alumnas con necesidades educativas especiales, se deben conocer los tipos de higiene que existen y las ayudan técnicas que se pueden precisar para llevar a cabo las actividades básicas de la vida cotidiana.

Cuando resulta necesario apoyar a los aprendizajes de los alumnos y alumnas, hay que prever una sana y correcta higiene postural para lo que se deben conocer las directrices básicas que la componen.

En el momento que se llevan a cabo las actividades de aseo e higiene como el vestido y desvestido y el baño, es preciso clarificar las actuaciones para ejecutar correctamente dichos procesos.

Ejercicios de repaso y autoevaluación

1. **Lea esta definición y diga de qué concepto se trata.**

   "Conjunto de prácticas y comportamientos orientados a mantener unas condiciones de limpieza y aseo que favorezcan la salud de las personas".

   ____

   ____

2. **Señale las normas para una correcta higiene postural acertadas.**

   a. Mantener las piernas rectas.
   b. Aproximar el cuerpo del niño o niña que se está ayudando.
   c. Curvar la espalda.
   d. Ampliar la base de sustentación.

3. **Relacione la columna de arriba con la de la abajo.**

   a. Bandas antideslizantes
   b. Clips para pantalones
   c. Descalzador

   __ Ayuda técnica para el vestido
   __ Ayuda técnica para el baño
   __ Ayuda técnica para el desvestido

4. **Indique si estas afirmaciones son verdaderas o falsas.**

   a. Es aconsejable que el niño o la niña se bañe a distinta hora cada día.

      □ Verdadero
      □ Falso

b. En el cambio de compresa, la niña tiene que envolver la compresa sucia en un trozo de papel higiénico o en el envoltorio de la misma, para tirarla posteriormente.

- ☐ Verdadero
- ☐ Falso

c. Cuando se finalice la ducha o baño, se usará una toalla grande para que el niño o niña posea mayor autonomía.

- ☐ Verdadero
- ☐ Falso

d. Para el vestido de un niño o niña con dificultades, conviene que se haga de pie.

- ☐ Verdadero
- ☐ Falso

5. **Encuentre 4 ayudas técnicas en la siguiente sopa de letras.**

Y	A	F	M	E	U	O	R
O	C	I	T	I	S	E	A
P	V	L	L	I	F	E	Z
E	R	B	I	O	D	F	Ñ
S	E	I	R	P	I	E	Y
A	P	Z	S	E	S	C	S
Ñ	A	E	O	N	E	O	N
U	E	H	D	A	R	I	A
A	S	S	A	U	R	G	L
T	T	U	E	I	I	I	I
R	O	E	T	C	D	D	M
O	I	Q	N	I	A	A	E
C	A	L	Z	A	D	O	R
F	A	R	C	A	E	R	T
A	D	A	D	N	E	G	A

6. **Describa los siguientes conceptos con sus palabras.**

a. Higiene postural:

____

____

____

____

b. Laxitud ligamentosa:

____

____

c. Higiene bucodental:

____

____

7. Complete la siguiente frase.

La escoliosis es una ______________ anormal de la __________________.

8. Ordene la secuencia de cómo debe sonarse la nariz.

__ Tira el pañuelo a la basura (si es desechable).
__ El niño o niña se restriega la nariz con el pañuelo.
__ El niño o niña coge el pañuelo y lo pone en contacto con su nariz.
__ El niño o niña sopla por la nariz, al mismo tiempo que recoge la mucosidad dentro del pañuelo.

9. Tache las palabras que no procedan.

a. La limpieza de manos y cara es (necesaria / innecesaria) varias veces al día, motivo por el cual se ha de educar al niño o niña específicamente en esta actividad y lo más (inmediatamente / tarde) posible.
b. La intimidad es la (exhibición / protección) de los actos y del propio sujeto respecto a los demás individuos, es decir, se trata de la parte de la vida de cada uno que afecta (a sí mismo / toda la humanidad) y que no ha de ser vislumbrada por los demás.

10. Ubique las siguientes ayudas técnicas en la columna que corresponda.

Ayuda Técnica para vestido/desvestido	Ayuda técnica para baño o aseo

Peine con mango largo - Descalzador - Subecremalleras - Grúas - Grifo extraíble

11. Conteste Sí o No a las siguientes preguntas cortas con respecto los tipos de higiene.

a. ¿Los desodorantes inhiben el desarrollo de la bacteria que produce el olor en las axilas? _____
b. ¿Las uñas de los pies se han de recortar de forma curvada? _____
c. ¿Cuando el cepillado de dientes es enérgico existe riesgo de sangrado en las encías? _____
d. ¿Es preferible que la ropa interior sea de fibras sintéticas? _____

12. ¿A qué tipo de higiene pertenecen estas características?

- **Cómodo y flexible.**
- **Que permita la variación de volumen del pie en los distintos momentos del día.**
- **Que sea traspirable.**
- **Adecuado al clima.**

____

13. Relacioine los productos para el aseo con el tipo de higiene:

a. Polvos transpirables y superabsorbentes
b. Calzado cómodo
c. Desodorante
d. Seda dental

__ Higiene corporal
__ Higiene bucodental
__ Higiene de pies
__ Higiene de la ropa y el vestido

14. Cite los tipos de escoliosis que existen.

15. ¿Dónde están las erratas en las normas de una correcta higiene postural?

a. Estirar las piernas (caderas y rodillas).
b. Mantener la espalda recta.
c. Aproximar el cuerpo del niño o niña a la que se está ayudando.
d. Agarrar suavemente, con firmeza.
e. Ampliar nuestra base de sustentación.
f. Sincronizar los movimientos.

Capítulo 3

Materiales y mobiliario del cuarto de baño

Contenido

1. Introducción

El cuarto de baño es el espacio destinado para la higiene, esencial e indispensable en cualquier hogar, colegio, instalación pública, etc. En este lugar, aparte de las funciones fisiológicas se realizan otras actividades relacionadas con los cuidados del cuerpo.

Estos espacios tendrán que permitir el fácil acceso, el movimiento en su interior y la utilización del mismo a todos los individuos que puedan entrar en él, incluidos los individuos con discapacidad.

El cuarto de baño debe existir en todo tipo de edificios y si debido a las dimensiones de las dependencias solo hay uno, deberá ser accesible para todos los usuarios posibles. En cambio, si hay varios baños o aseos, uno por lo menos deberá ser utilizable por sujetos con cualquier tipo de discapacidad.

El cuarto de baño adaptado debe estar localizado en un sitio accesible y visiblemente señalizado con el símbolo internacional que corresponda. El WC adaptado deberá ser lo más práctico y seguro posible.

2. Materiales a utilizar: tipo y características

Para la adaptación de un cuarto de baño a personas con discapacidad o con movilidad reducida, existe una serie de materiales especiales que procuran una correcta adecuación, con el objeto de evitar percances y facilitar el acceso a estas dependencias tan importantes para la vida cotidiana.

Los materiales empleados en el cuarto de baño deberán reunir una serie de condiciones de seguridad, tales como:

- El pavimento será antideslizante, en seco y en mojado.
- En el mobiliario se evitarán bordes y picos cortantes, tanto en el mobiliario, como en aparatos, accesorios y demás dispositivos.
- Las puertas deberán contar con un sistema que procure desbloquear las cerraduras desde el exterior en caso de emergencia y que también señalice si está ocupado o no.

- Las barras de apoyo o asideros y otros utensilios metálicos llevarán incorporado un acabado de material que aisle.
- Si fuera posible, se dotará el baño o aseo con un sistema de llamada de auxilio que permita ser usado por todos los niños o niñas desde cualquier zona del recinto.

Como ya se ha expuesto, el pavimento que debe emplearse será no deslizante, no escurrirá en ningún estado. Es complicado encontrar materiales que sean totalmente antideslizantes en ambos estados y que además se puedan limpiar fácilmente, pues en el cuarto de baño se generan bastantes residuos. Generalmente, los más apropiados son los de gres y los fabricados con resinas y acabados de arenisca. Se deben caracterizar por una textura ligeramente rugosa.

Ejemplos de suelos antideslizantes

El pavimento del baño es un elemento fundamental. Si habitualmente se instalan pavimentos antideslizantes en estos lugares, con los baños adaptados es todavía más importante. Además se tendrá en cuenta que todo debe estar sin resaltes ni desniveles. La elección más apropiada es un pavimento cerámico que se integre en la ducha, con pendientes pequeñas para evacuar el agua de ducha sin problemas.

El color del pavimento contrastará con el de las paredes y/o puertas. El revestimiento de los paramentos carecerá de brillo que deslumbre con reflejos.

Otro material que suele dar un correcto resultado es la malla de porcelánico, se tratan de teselas similares a los mosaicos decorativos, pero con más dimensión. Este material tiene la característica de adaptarse a las pendientes del desagüe muy fácilmente. Con esta alternativa, se admite silla de baño o bien un asiento en la zona de ducha, a la que se podrá acceder sin esfuerzo con una silla de ruedas.

Respecto al alicatado de las paredes, es aconsejable que las baldosas sean mates para evitar los reflejos.

En relación a las tuberías de agua caliente y/o calefacción que están situadas a la vista y que son conductoras del calor, se deben cubrir con algún material aislante para evitar accidentes por quemaduras.

Los aparatos sanitarios deben contrastar en color con las paredes a las que estén adosados.

Actividades

1. ¿Sería adecuado incorporar accesorios de plástico en el cuarto de baño, como el vaso del cepillo de dientes o el dispensador de jabón de manos? Explica por qué.
2. Resuma las características principales que deben poseer los materiales de los cuartos de baños adaptados a niños o niñas con necesidades educativas especiales.
3. ¿Por qué cree que debe contrastar el color de las paredes del cuarto de baño adaptado con el suelo?

Importante

El diseño de un cuarto de baño para niños o niñas con necesidades educativas especiales se basará en la seguridad y en la accesibilidad.

3. Mobiliario: tipo y características

Un cuarto de baño totalmente adaptado a las necesidades de un niño o niña con discapacidad, es aquel que facilita una utilización cómoda por parte del niño o niña y del adulto que lo ayuda, cualquiera que sea el grado de movilidad del niño o niña afectado y, a la vez, dispone de las medidas de seguridad requeridas para esquivar accidentes.

Es fundamental tener en cuenta, que el cuarto de baño se trata de uno de los recintos más peligrosos potencialmente del colegio o de la casa, que sus dimensiones suelen ser limitadas y que se usa intensivamente.

Por lo tanto, para que el cuarto de baño adaptado resulte más seguro, debe poseer las características que se describen a continuación, en su mobiliario.

3.1. Puerta de acceso al baño

La puerta de acceso al baño debe abrir hacia fuera siempre. Normalmente se abre al contrario, lo que resta a este recinto un espacio imprescindible para los niños y niñas con poca movilidad y sus acompañantes.

Otra alternativa son las puertas correderas, con la sujeción en la zona superior mediante un carril, nunca inferior, pues podría provocar tropiezos, caídas o entorpecer el acceso. En cualquier caso siempre se tiene que abrir desde fuera, tomando precauciones para evitar que pueda quedar bloqueada desde el interior.

En la medida de lo posible, una puerta corredera embutida posibilita ganar el espacio que ocupa la abatible en su apertura. Por tanto, resulta una opción ideal, pues el cuarto de baño suele ser un espacio reducido donde no se puede desaprovechar ni el más mínimo rincón.

Otra ventaja de la puerta corrediza es que facilita mucho el acceso a personas con movilidad reducida que requieren la ayuda de muletas, andadores o sillas de ruedas. Las puertas de tipo correderas de vidrio al ácido son una alternativa muy decorativa y de fácil instalación.

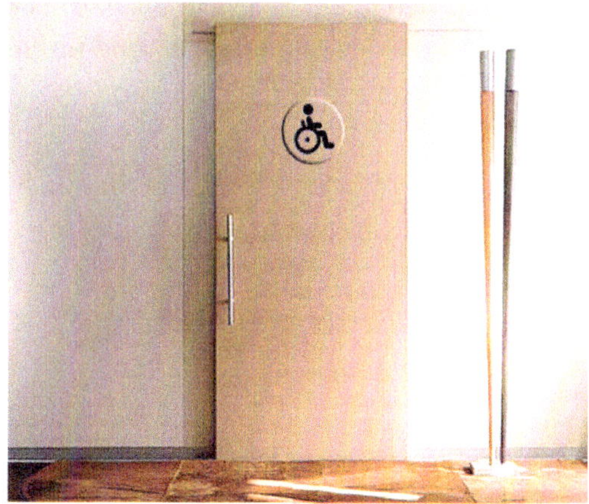

Puerta corredera en baño para personas con discapacidad

Para los niños y niñas que se desplazan en silla de ruedas, el ancho del hueco de la puerta debe de ser de 80 cm como mínimo.

3.2. Dimensión de los espacios y colocación de sanitarios y accesorios

Un baño adaptado a las necesidades de una persona con discapacidad debe tener de un espacio diáfano para permitir el giro de hasta 150 centímetros de diámetro, desde el que se pueda llegar a los distintos dispositivos sanitarios. La distancia mínima entre ellos debe ser de 80 cm, desde una perspectiva frontal en el caso del lavabo y lateral para el resto.

Una solución para ganar en espacio es suprimir el bidet si el baño es demasiado estrecho, es principalmente oportuno cuando la persona con discapacidad necesita el apoyo de alguien para llevar a cabo su higiene personal.

Los accesorios y mecanismos tendrán que estar accesibles y se colocarán a una altura de entre 40 y 140 centímetros.

3.3. Lavabo

El lavabo tiene que estar bien anclado y es básico que el desagüe esté protegido térmicamente para evitar que las personas que no tienen sensibilidad en los miembros inferiores se produzcan quemaduras.

Tiene que estar instalado sin pie y se situará a 80 centímetros del suelo con una altura inferior vacía de 65 centímetros.

Si fuera el caso de que el lavabo estorbara porque sobresaliera mucho, existe la opción de lavabos con menos fondo, aunque más incómodos hacen la misma función.

Que el lavabo no disponga de pie proporciona su fácil acceso a las personas que se desplazan con silla de ruedas.

Otra elección para personas que se desplazan en silla de ruedas o con andador son los lavados que se encastran en una encimera localizada a altura baja.

3.4. Ducha

La ducha es, sin duda, la mejor solución para el aseo de personas con discapacidad, tanto desde una perspectiva espacial como de seguridad.

Es primordial que esté tan enrasada con el pavimento del baño como sea posible, que esté impermeabilizada y que su superficie sea rugosa para evitar resbalones.

La ducha se podría colocar en un rincón del cuarto de baño, preferiblemente en ángulo recto y en el fondo del baño para evitar dotar de luz y claridad la ducha.

En cuanto a los platos de ducha, los más prácticos son los que tienen el borde semicircular porque evitan un resalte en pico y por tanto obstaculiza menos para al paso.

La ducha deberá tener dos posiciones a elegir:

- de teléfono,
- con un soporte fijo, con el objeto de que el individuo y/o la persona que le ayuda puedan tener las dos manos libres en algún momento.

En cualquier caso, los dispositivos estarán situados a una altura accesible hasta cuando se esté sentado.

Ducha adaptada para personas con discapacidad

3.5. Bañera

La bañera supone una de las zonas más peligrosas de los cuartos de baño porque en ella se producen muchos accidentes, por lo tanto se trata de un elemento conflictivo. En los casos en los que no se pueda prescindir de ella, por las razones que sean, será preciso que esté adaptada con las medidas de seguridad establecidas legalmente.

Las barras de apoyo estarán instaladas en el interior y en el acceso. Se pueden colocar de forma oblicua o bien disponerlas una vertical y otra horizontal.

En el interior habrá un banco o asiento con una buena sujeción, que facilite tanto la entrada y la salida de la bañera, así como el acto del baño mismo. La entrada a la bañera tiene que ser sumamente segura, para lo cual se requiere un asidero o barra tubular que sea punto de apoyo, además del suelo antideslizante en el fondo del plato para eludir resbalones o caídas peligrosas.

Importante

Lo ideal es suprimir la bañera y en su lugar se colocará un plato de ducha que quede al mismo nivel del suelo.

El pavimento de la bañera, así como del cuarto de baño en sí, estará a la distancia mínima posible en altura, para prevenir desequilibrios que causen caídas.

Sería conveniente disponer de una barra especial para bañeras, su altura se regulará para facilitar su entrada y salida. De esta forma se evitarán posibles caídas, movimientos forzosos o resbalones indeseados.

También existen tablas de apoyo para bañeras, de gran ayuda para entrar y salir de ella con una seguridad mayor, así como que permite la posibilidad de lavarse sentado en ella, resulta de gran utilidad para las personas que tienen dificultades en la rutina del aseo personal. Por otra parte, facilita el trabajo a los familiares o a las personas que ayudan previniendo grandes esfuerzos o caídas. Se suelen ajustar a la bañera sin necesidad de mecanismos ni herramientas.

Tabla de apoyo para la bañera

3.6. Artículos de higiene y botiquín

Los artículos y productos para la higiene personal que se muestran visibles se reducirán a la mínima expresión: la toalla, el jabón, el peine, el cepillo y la pasta de dientes. Se procurará que estén fabricados con materiales irrompibles y no peligrosos.

Los utensilios más empleados cotidianamente deberían colocarse siempre en el mismo lugar y de igual forma, y si fuera posible, en el orden mismo en el que se usará.

En el centro educativo, no es adecuado que los demás productos y utensilios y el botiquín estén al alcance del alumnado, por lo que sería conveniente que estén guardados bajo llave cuando no se utilizan.

Los accesorios del aseo estarán adaptados para su utilización por niños y niñas con necesidades educativas especiales. La ergonomía de los accesorios es imprescindible para los niños y niñas a los que van destinados, de forma que un diseño equivocado puede imposibilitar completamente su uso.

3.7. Electricidad

Los interruptores, puntos de luz, calefactores, enchufes, cables y cualquier elemento conductor de electricidad, deben estar ubicados a una mínima distancia de 1 metro en cualquier dirección hasta cualquier grifo y se deben mantener en perfecto estado.

En un colegio, existe un peligro potencial que supone que los niños o niñas manipulen estos dispositivos con las manos mojadas, por lo que los enchufes y demás elementos de uso común deben estar protegidos y se situarán fuera de su alcance.

Respecto a la iluminación general, resulta suficiente aquella que proporciona aproximadamente 120 lux a 120 centímetros del suelo. Será indirecta para no deslumbrar y debe estar reforzada con iluminación adicional delante del espejo.

Recuerde

Si los interruptores o enchufes estuvieran al alcance de los alumnos o alumnas, se deben ocultar con protectores destinados a tal fin.

3.8. Espejos

Respecto a los espejos de los cuartos de baño, el borde inferior ha de estar instalado a 90 centímetros del suelo y el superior a 190 centímetros como máximo.

La forma más práctica de situar el espejo es enfrente de la puerta junto con el lavabo, para que cuando se abra el cuarto de baño dé sensación de amplitud.

El espejo será preferentemente reclinable y dotado de alguna parte de aumento.

Puede ocurrir que los reflejos del espejo puedan promover o incrementar la desorientación de la persona con discapacidad visual. Si este hecho sucediese se debería valorar su colocación.

Espejo para baño adaptado

Actividades

4. Describa al menos dos motivos, de por qué el cuarto de baño es el lugar con más peligro de los colegios.
5. ¿Con qué alumnado con necesidades educativas especiales se deben evitar los reflejos de los espejos?
6. ¿Qué es la ergonomía?

Ejemplo

A continuación, se presenta una hoja de registro para anotar el estado del mobiliario del baño, por si fuera preciso limpiarlo o reemplazarlo o repararlo.

Colegio:		**Fecha:**
Elemento de mobiliario	Valoración (bien-regular-mal)	Limpiar/reemplazar/reparar
Puerta de acceso		
Ducha		
Bañera		
Electricidad		
Artículos aseo		
Botiquín		
Lavabo		
Espejos		
Observaciones		

4. Acceso a equipamiento especial de baño

El alumnado con necesidades educativas especiales debe tener un acceso fluido al distinto equipamiento adaptado del cuarto de baño, asimismo estarán familiarizados con los diferentes artilugios para propiciar una correcta higiene personal lo más autónoma posible.

Los niños y niñas tendrán que saber las nociones básicas del uso de cuarto de baño, así como de prevención de accidentes y/o caídas, como por ejemplo no pisar si el suelo está mojado o húmedo. Los educadores/as por su parte, tendrán que conocer pautas de funcionamiento de los elementos incluidos en el recinto del aseo.

Para la adquisición de los hábitos de higiene personal en los niños y niñas con necesidades educativas especiales se emplearán los accesorios según el caso de cada niño y niña.

Todos los accesorios y mecanismos deberán estar a la altura y con una adecuada accesibilidad para los niños o niñas con necesidades educativas especiales. La ergonomía de los aparatos es muy relevante para los niños y niñas a los que se destinan, teniendo en cuenta sus peculiaridades, destacando los grifos con adaptaciones de cualquier tipo, los pulsadores de cisterna o encendido/apagado de luz...

4.1. Asideros

Los asideros y las barras de apoyo de baños para personas con discapacidad resultan de gran utilidad para impedir caídas y como punto de apoyo. Son accesorios imprescindibles para equipar un baño adaptado para personas con discapacidad.

Las barras de apoyo en determinados espacios del cuarto de baño (junto al inodoro, dentro de la ducha) también son una opción a menudo necesaria.

El sistema de asideros debe proporcionar un buen agarre en cualquier situación. Las características principales deberán ser:

- Confortables al tacto.
- Con la superficie estriada para dotar de un agarre extra.
- Resistente a los arañazos y al óxido.

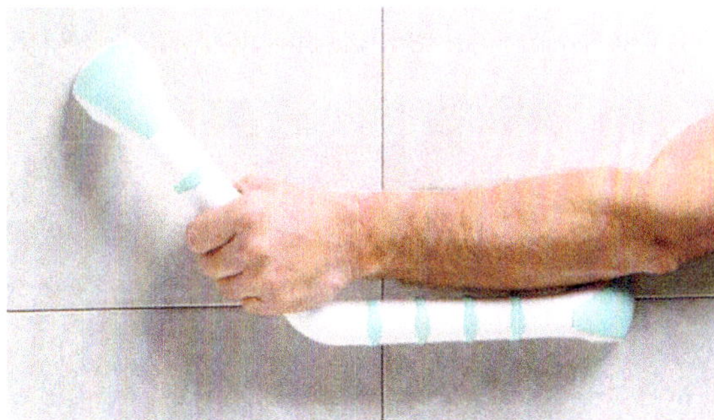

Asidero estriado y angulado

Los asideros o barras de apoyo permiten una movilidad más sencilla por el cuarto de baño. Es imprescindible disponer de uno o varios en la ducha o bañera, pero también pueden ser necesarios en alguna otra pared del baño y uno o algunos de apoyo para utilizar el inodoro.

Su colocación y forma varían según el aparato y la aproximación a este y podrán adaptarse al usuario concreto.

Las características fundamentales de los asideros serán: según la forma, las funciones y los tipos.

Según la forma

Las barras serán preferiblemente circulares y tubulares, con un diámetro que abarque entre 30 y 40 milímetros. La distancia de la pared u otro accesorio será de entre 45 y 55 milímetros. El recorrido será constante y se superficie no podrá ser resbaladiza.

Según las funciones

Los asideros tendrán las siguientes funciones según su ubicación u colocación.

Horizontales

Cuando la barra es horizontal su función primordial es ejercer de apoyo para las trasferencias y demás desplazamientos horizontales. Por otra parte, sirve de ayuda en los movimientos de incorporarse y sentarse.

Verticales

La función fundamental de los asideros verticales es apoyar al movimiento de giro o de incorporación. Se ubican por delante del asiento.

Depende de los casos, puede resultar de gran ayuda la instalación de una barra fija del techo al suelo. En el caso de que se empleen estas barras fijadas techo-suelo, como apoyo para pivotar en la entrada a bañeras o para ayuda en lavabos, se prevendrá que obstaculicen en el espacio de uso y aproximación.

Inclinados

Sirven de apoyo al movimiento de levantarse, en casos concretos son más óptimos que los anteriores.

Según los tipos

Atendiendo a los tipos de asideros, puede ser de las formas que se describen a continuación.

Horizontales continuos

Las barras se pueden disponer de forma continua a lo largo de las paredes o llevar dicha continuidad, en base a lo posible, a todo el recinto, obteniendo soluciones de gran seguridad.

Horizontales discontinuos

Otra opción puede ser la colocación de barras independientes, en cada área de actividad de los elementos.

Es fundamental que sean abatibles para los casos de transferencias laterales.

Verticales e inclinados

En casos determinados, son preferibles las barras de directriz variable para evitar deslizamientos verticales.

Asideros de varios tipos

Los asideros estarán ubicados estratégicamente por el espacio con el objetivo de ser puntos de apoyo en los levantamientos y en las sentadas.

Ejemplo

Durante la implementación de un programa de control de esfínteres, las barras de apoyo servirán de sostén para los niños con dificultad de movilidad o con lesiones en las extremidades inferiores o superiores.

4.2. Asientos de ducha

Las duchas para personas discapacitadas permiten el acto de ducharse a pesar de que existan impedimentos de movimiento. El asiento de ducha es una pieza fundamental, pues facilita que la persona se pueda sentar mientras se lava y enjuaga, de esta forma tendrá más independencia y tendrá libres las manos.

Un asiento para la ducha es un buen accesorio para que las personas con discapacidad o con movilidad reducida puedan disfrutar de un baño con seguridad, cuando se poseen dificultades para sentarse o incorporarse.

Existen muchos tipos de asientos dependiendo de las necesidades de cada caso: abatibles anclados a la pared, taburetes, con o sin reposabrazos, con patas o sin ellas, de varios tamaños, acolchados, con ruedas, etc.

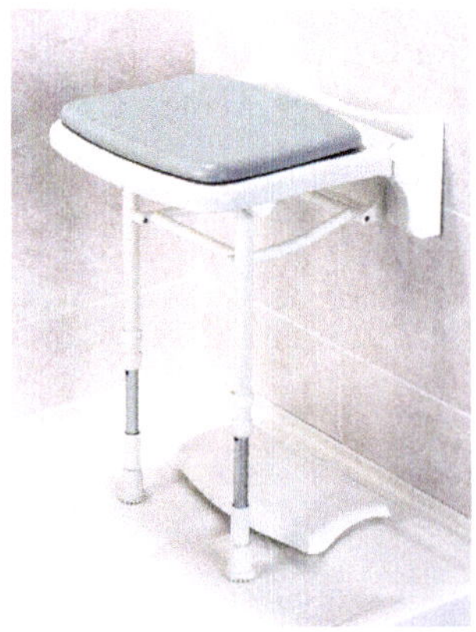

Asiento de ducha anclado a la pared

Los asientos para la ducha o bañera tendrán la función de compensar los trastornos de movilidad en las piernas, por lo que el hábito de ducharse o bañarse resultará más cómodo y dotará de autosuficiencia.

Asiento para bañera o ducha

En el caso de que la persona con discapacidad no pueda acceder sola en la ducha, existen sillas que se elevan por medio de la presión hidráulica y que facilitan considerablemente la tarea de la persona que ayuda.

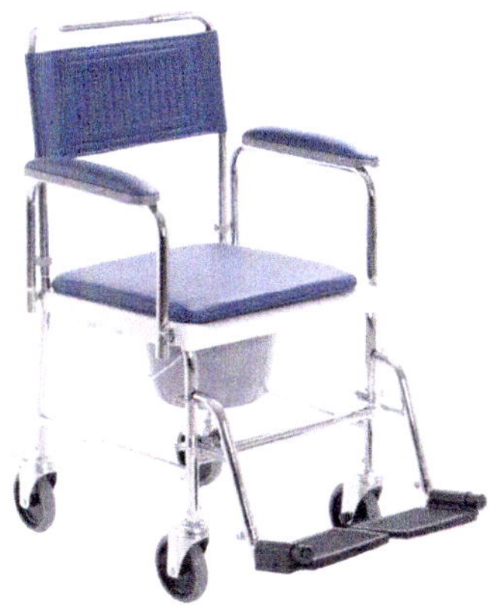

Asiento de ducha con apertura higiénica y con ruedas

4.3. WC adaptado

La dificultad de levantarse y sentarse de una persona supone un problema a la hora de ir al inodoro, siendo la altura ideal la distancia que hay desde la planta del pie descalzo hasta la curva de la rodilla. Los inodoros más idóneos son los que van agarrados a la pared.

Los inodoros deben tener un espacio libre a cada lado de unos 10 o 15 centímetros para posibilitar sentarse cómodamente. Los inodoros suspendidos son más prácticos para su limpieza por debajo.

A ambos lados deben colocarse barras laterales que puedan servir de asidero y, si es necesario, de ayuda para la transferencia desde la silla de ruedas. Deben estar a una altura entre 70 y 75 centímetros del suelo y la barra situada en el lado del acercamiento ha de ser abatible. El portarrollos estará colocado a una distancia y en una posición que sea accesible sin necesidad de girar el brazo ni de alargarlo en exceso.

También existen inodoros que son regulables en altura. Dan la posibilidad de usar el mismo cuarto de baño a personas con movilidad plena y a otras de movilidad reducida.

El inodoro deberá llevar un sistema de descarga que permita ser utilizado por una persona con dificultad en la movilidad motora en las manos o en los brazos. Se colocarán preferiblemente mecanismos de descarga de palanca o de presión de gran superficie a una altura de entre 0,70 y 1,20 metros del suelo ya que muchas veces, las cisternas que suele haber en los cuartos de baño, suponen un obstáculo para cualquier persona con problemas motores en las extremidades superiores.

4.4. Silla inodoro

Ir al inodoro es algo que se hace varias veces al día, por lo tanto no debería asociarse con dificultades insalvables, como es la altura del inodoro. Muchas personas con discapacidad, tienen dificultad para sentarse y mantenerse en pie en los inodoros de altura normal.

Si no fuera posible la colocación de un inodoro sujeto a la pared se instalarían elementos existentes en el mercado para elevar el asiento, como son las sillas elevadoras. Existen de varios tipos que se adaptan a todas las circunstancias:

- Movibles e independientes del inodoro del cuarto de baño
- Con ruedas
- Basculante
- Alzadores con respaldo
- Acolchadas
- Elevadores con clips
- Con cinturones de seguridad
- De varios tamaños
- Plegables
- Etc.

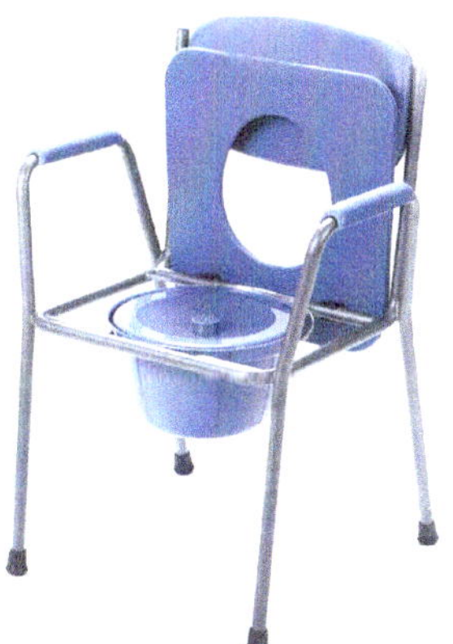

Silla para inodoro movible e independiente del cuarto de baño

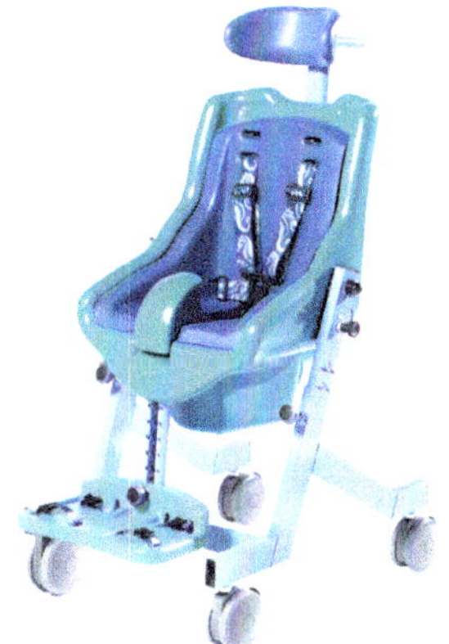

Silla para inodoro con ruedas y basculante

Los/as niños o niñas con movilidad reducida podrán acceder a un alzador o asiento para inodoro. De esta forma resultará más eficiente la creación del hábito de control de esfínteres.

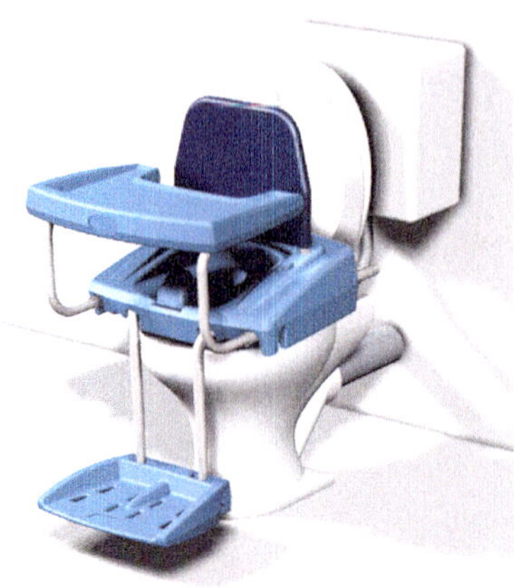

Asiento / alzador para inodoro

Aplicación práctica

Entre sus alumnos/as se encuentra un niño con síndrome de Down que posee limitaciones leves en la movilidad de sus extremidades, tanto inferiores como superiores. ¿Qué equipamiento especial debería existir en el cuarto de baño para que accediera autónomamente al inodoro y pudiera usarlo normalmente?

SOLUCIÓN

Por un lado, deben estar instaladas barras de apoyo o asideros a la altura del inodoro para facilitar el sentarse e incorporarse, así como por el resto del espacio de baño para asegurar la movilidad por el lugar.

Por otro, sería adecuado colocar alzadores y sillas de WC, de modo que el niño esté cómodo y seguro en el inodoro.

También, el pulsador de la cisterna será de fácil accionamiento para que el niño tenga la posibilidad de llevar a cabo la actividad de miccionar o defecar completa y de manera independiente.

4.5. Grúas

Una grúa es una ayuda técnica que facilita la realización de las transferencias con garantía de seguridad y de forma cómoda para las personas con discapacidad. También tiene la ventaja de que el individuo que ayuda ejerza menos esfuerzo.

Las grúas se aplican más frecuentemente para...

- ... ejecutar transferencias de todo tipo: silla de ruedas, inodoro, ducha, bañera, etc.
- ... hacer traslados.
- ... levantar al individuo desde el suelo.
- ... manejar junto con otras ayudas técnicas (por ejemplo con asientos de ducha).

Las grúas reducen la posibilidad de caídas, evitan adoptar posturas inadecuadas al ser desplazado y disminuyen notablemente el riesgo de lesiones de las personas de apoyo.

Para cualquier movilización o trasferencia que conlleve un alzamiento se aconseja el empleo de una grúa.

Las grúas poseen un arnés que envuelve a la persona aplicando las fuerza necesaria uniformemente.

Nota

Las trasferencias manuales por parte de la persona que ayuda son más difíciles por la cantidad de fuerza que hay que ejercer, además de que existe la probabilidad de producir incomodidad y dolor.

Algunos atributos positivos de las grúas para la higiene personal son:

- Para las trasferencias se necesita una persona aunque se precisa algo más de tiempo que las manuales.
- La práctica en la utilización seguida de grúas minimiza el tiempo de la transferencia.
- El uso de las grúas permiten al ayudante prestar más atención a la persona con discapacidad, al no estar ocupado haciendo un esfuerzo.
- Las grúas son sencillas de usar, necesitan menos precisión y entrenamiento para las trasferencias.

Los criterios a tener en cuenta para la utilización de la grúa como ayuda técnica para el aseo de niños y niñas con necesidades educativas especiales estarán relacionados con los sujetos que van a usar la grúa, el lugar y con el destino que se le va a dar a su uso. El resumen de aspectos sería:

- Adecuación/adaptación al niño o niña que lo vaya a usar:

  El arnés y la grúa deben ser idóneos al peso, las dimensiones y las características de cada persona.

- Adecuación al uso:

  La grúa debe estar dispuesta para realizar transferencias y traslados de la manera más fácil para el niño o la niña y para la persona cuidadora.

- Adecuación al entorno:

  Es fundamental analizar el sitio donde se va utilizar la grúa para corroborar que esta pueda funcionar en todas las situaciones previstas correctamente.

- Confort:

  El arnés tiene que ser confortable para el niño o la niña y no molestar en los muslos ni en las axilas. Debe ser sencillo y rápido de instalar. Todos los controles para ascender o descender al niño o niña deben ser accesibles y manejables de forma sencilla.

- Durabilidad:

  Deben tener una vida útil mínima de tres a cuatro años, sin deteriorarse ninguno de sus componentes, siempre que se realice un correcto mantenimiento.

- Estabilidad:

  La grúa ha de ser estable al vuelco en todas las direcciones, tanto cargada como descargada.

- Facilidad de plegado y/o de desmontaje:

  Deben ser plegables o desmontables sin herramientas para posibilitar su almacenaje y transporte.

- Facilidad de limpieza y mantenimiento:

  El arnés ha de ser lavable y la grúa debe disponer de un diseño que facilite su limpieza. El mantenimiento tiene que ser el mínimo posible y deben existir instrucciones claras para hacerlo.

Tipos de grúas

La tipología de grúas dependerá de cómo sea la movilización que se ejecute y de la frecuencia. Los tipos más usuales son los que se describen a continuación.

Grúas móviles (o grúas con ruedas)

Las grúas móviles tienen una base con ruedas, que permite su utilización en cualquier lugar donde el espacio sea suficiente para la maniobra.

Normalmente son plegables o desmontables, lo que favorece su almacenamiento y desplazamiento. Poseen frenos en las ruedas de atrás. Necesariamente se tiene que mover la grúa para ejecutar las transferencias, pues por una mejor estabilidad, el brazo de la grúa no gira respecto a la base.

Una ventaja de este tipo de grúas es que pueden trasportarse a cualquier punto donde se requiera hacer una transferencia. Además permite practicar transferencias a sillas de ruedas, asientos de ducha, inodoro, bañeras, o incluso subir al niño o niña desde el suelo.

Este tipo de grúa tiene algunos inconvenientes, entre los que se encuentran: la necesidad de mucho espacio para su almacenamiento; se precisa una superficie de maniobra suficiente para poder realizar las transferencias; no permite hacer transferencias a accesorios anchos y sin espacio libre por debajo, como por ejemplo las bañeras convencionales.

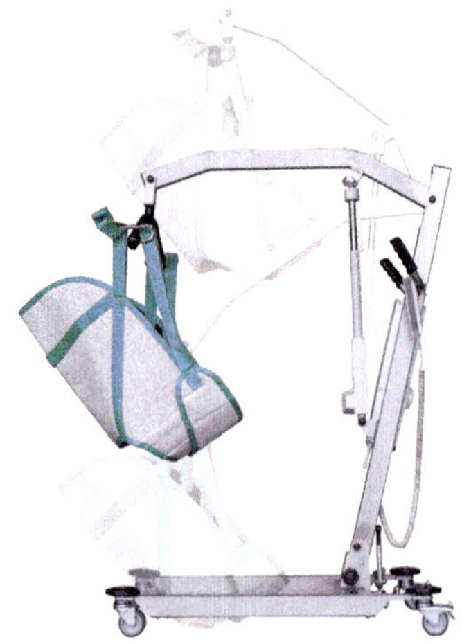

Grúa móvil en distintas posiciones

Grúas fijas

Son grúas ancladas al suelo o a la pared mediante un soporte. No ocupan mucho espacio y su peso suele ser escaso. Su uso es más restringido, solo se emplea para transferencias concretas en una localización, no obstante hay modelos que permiten usarlas en diversas localizaciones.

El sistema de elevación puede ser hidráulico o eléctrico.

La ventaja primordial de estas grúas es que se sitúan donde se precisan y ocupan un mínimo espacio. Algunos modelos de grúas fijas posibilitan que sea el propio sujeto el que realice la transferencia accionando la grúa, siempre que se posea fuerza suficiente en los brazos.

Están constituidas por una percha y un arnés, donde se sostiene a la persona que se va a desplazar. Normalmente se instala entre dos accesorios a los que se desea hacer transferir al niño o niña, por ejemplo, entre inodoro y bañera.

Este tipo de grúa está indicada para personas con fuerza limitada o inexistente en extremidades inferiores y superiores. Puede emplearse por el propio niño o niña siempre que posea fuerza bastante, o por la persona ayudante.

Respecto a los inconvenientes, se destacarían que no está indicada para algunas transferencias específicas, por lo que sería necesario el desplazamiento de la grúa a distinta estancia para realizar la transferencia, si se poseen varios soportes.

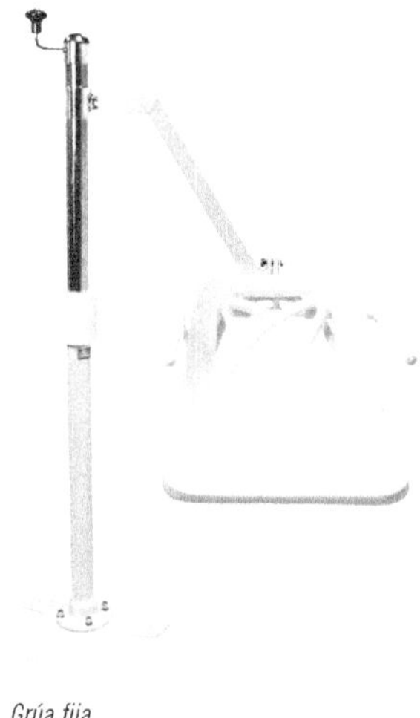

Grúa fija

Recuerde

El desarrollo y adquisición de la autonomía personal, también implica la potenciación de las competencias de movilidad.

Grúas de techo

Las grúas de techo profieren una mayor seguridad y previene lesiones en la persona que ayuda, además simplifica los movimientos que facilitan su labor y se evitan riesgos de lesiones por sobrepeso.

Aporta una mayor movilidad sin obstaculizar y ocupa menos espacio. Al no interferir en el suelo, se puede hacer cualquier movimiento en un espacio más reducido que el que ocupa una grúa de pie.

Para el cuidador resulta más cómodo y requiere menos esfuerzo. Se puede realizar un giro de 360° con un ligero impulso. El balanceo del niño o niña suspendida tiene menos amplitud que en una grúa de pie.

La grúa de techo dota de más autonomía personal, pues el niño o niña se puede desplazar sin ayuda externa.

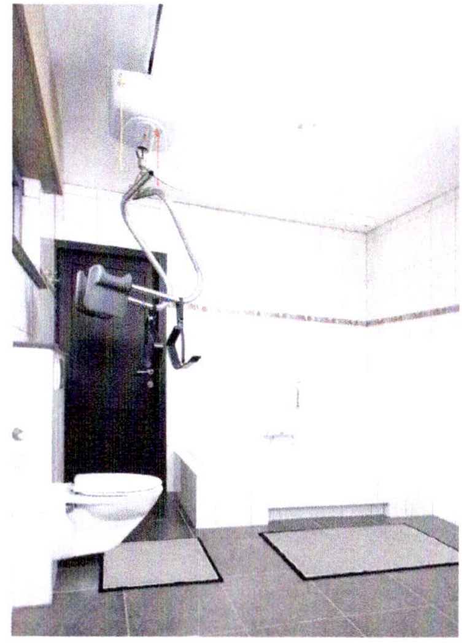

Grúa de techo instalada en aseo para personas discapacitadas

Actividades

7. Piense ventajas de la utilización de la grúas como ayuda técnica en el aseo personal. Anótelas.
8. Busque información sobre los tipos de arnés de grúa existen en el mercado.
9. ¿Con qué convenientes se encontraría a la hora de usar una grúa móvil?

En casos más complejos donde la capacidad de movimiento del niño o niña es muy escasa, se utilizarán las grúas para el aseo en la ducha o bañera. Se debe prever que el arnés se puede mojar y no debe empapar.

Niño en grúa de techo con arnés de un material que se puede mojar

4.6. Grifos con adaptaciones físicas

La grifería en un baño aclimatado a personas con discapacidad, será accesible y automática, con sistema de detección de presencia o tipo monomando con palanca de tipo gerontológico. Esto viene a ser un apoyo más a las personas con dificultades motrices en los miembros superiores, de manera que con esta medida se facilita el accionamiento de los grifos del cuarto de baño.

La grifería manual más conveniente es la de tipo monomando, que posibilita su accionamiento con distintas partes del cuerpo.

Existe una grifería automática que está dotada de un sistema de detección de presencia, sería muy recomendable en las instalaciones escolares.

Por otra parte, los grifos de la ducha deben situarse al fondo para que no obstaculicen el acceso. Cuando la ducha es rectangular, se colocarán en la pared perpendicular al lado más largo para no restar amplitud de paso al entrar.

Si existiera el caso de que la persona con discapacidad tiene problemas de insensibilidad en el tacto o bien no es capaz de distinguir entre la posición de agua fría y agua caliente, es importante colocar unos grifos que lleven integrado un termostato regulador de la temperatura del agua (máximo 38º) para evitar quemaduras.

Es conveniente que se anexione también algún tipo de dispositivo a lo grifos que imposibilite que estén abiertos demasiado tiempo, con el fin de evitar el riesgo de inundaciones por olvidos o distracciones.

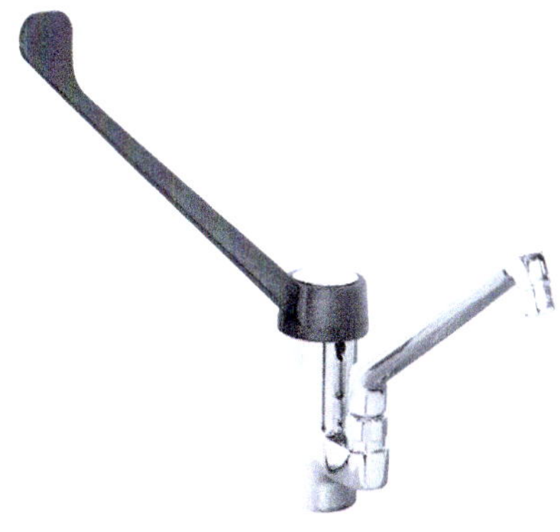

Grifo con adaptación física

Nota

No es adecuada la grifería de volante por su complicado manejo ni las de pulsador que requiere un esfuerzo para presionarla.

La ubicación de la grifería será alcanzable para todas las personas. El alcance horizontal tanto desde fuera como desde el dentro del recinto de ducha o bañera será igual o menor que 60 cm. En el caso de la bañera y de la ducha, la mejor situación es la que permite el alcance desde el exterior e interior de las distintas zonas.

4.7. Grifos con adaptaciones lumínicas

Los grifos con luces existen en el mercado y son una excelente solución para compensar muchas dificultades en niños y niñas con necesidades educativas especiales a la hora del aseo personal. Son griferías que cambian de color según la temperatura que alcance el agua.

Es un dispositivo pequeño que encaja en el grifo y produce una colorida cascada de luz. Según la temperatura del agua se reflejará un color u otro.

El funcionamiento es simple: posee una propia fuente de alimentación que con la fuerza de la corriente del agua, se trasforma en un chorro de luz.

Grifo con adaptación lumínica

Aplicación práctica

El cuarto de baño que utilizan unos alumnos en un centro educativo es de la siguiente manera:

Estancia con pavimento antideslizante y azulejos mate. Está dotado de una serie de accesorios tales como un bidé; un lavabo situado a una altura de 80 cm con pie y la grifería

Continúa en página siguiente >>

<< Viene de página anterior

es monomando; una ducha con grifería monomando junto con una estantería donde se colocan los productos necesarios para el aseo; un inodoro; un botiquín; y la puerta de acceso se cierra por dentro.

Entre el alumnado, se encuentran tres niños y niñas con necesidades educativas especiales: una con silla de ruedas, otro con discapacidad motora en las manos, y otra con una enfermedad neuromuscular que tiene afectada la deambulación y anda con mucha dificultad, además de tener problemas de comportamiento.

¿Qué faltaría a este cuarto de baño para que sus alumnos y alumnas con necesidades educativas especiales pudieran desarrollar plenamente sus actividades diarias de aseo e higiene?

SOLUCIÓN

La ducha minimizará el riesgo de caídas si está provista de asideros y barras de apoyo, además de que debe haber una silla de ducha o asiento, bien fijo bien movible. La grifería de la ducha estará al alcance de los menores y en su campo de acción.

El lavabo no puede tener ningún obstáculo debajo, pues obstaculizaría su utilización a la alumna con silla de ruedas.

Es recomendable que el inodoro esté adaptado al alumnado con dificultades de movilidad, instalando asideros o puntos de apoyo. Para que el inodoro tenga una altura considerable para este alumnado, se colocarán alzadores/adaptadores o sillitas de WC para disminuir los esfuerzos de sentarse y levantarse.

El bidé, si puede ser, debe eliminarse. Los grifos monomando facilitan la apertura, cierre y regulación del agua, pero para el alumnado es preciso que también tengan palanca en el monomando.

Resulta vital suprimir los cierres interiores de la puerta del baño, pues en una circunstancia de emergencia entorpecería el acceso.

El botiquín no debe estar colocado en este cuarto de baño para evitar incidentes indeseados, pues hay un niño con trastornos de comportamiento que puede darle un mal uso y provocar accidentes.

Los interruptores de la luz estarán aislados por protectores, asimismo las tuberías deben estar visibles para que no quemen al tacto.

5. Conservación y mantenimiento de los materiales

La conservación de los útiles y materiales del cuarto de baño se refiere a la resistencia al paso del tiempo y al uso, dada por la calidad de sus materiales y la manera de cómo son usados. Hay materiales bien o mal usados, adecuados o no adecuados para cada uso. Se trata entonces de alargar la vida útil de los materiales mediante un adecuado uso de ellos.

El mantenimiento es el conjunto de acciones persistentes y permanentes orientadas a prevenir y garantizar el funcionamiento natural, la eficiencia y el correcto manejo. La conservación depende de una idónea conservación. Si no existe mantenimiento, gradualmente se deteriorarán los materiales y habrá que reponerlos o sustituirlos.

El mantenimiento se lleva a cabo de la siguiente forma:

- Mediante trabajos rutinarios de limpieza y aseo, que se revisarán periódicamente y a intervalos de tiempo regulares.
- Por un programa sistemático de inspección y reparación menor de partes estropeadas.
- A través de reparaciones ocasionadas por deficiencias o imperfecciones en los materiales.
- Mediante inspecciones periódicas con reemplazo de piezas y elementos antes de que muestren deterioro o fallo.

Por lo tanto, el mantenimiento será de dos tipos:

- Mantenimiento preventivo
- Mantenimiento correctivo

Los materiales que componen el cuarto de baño se someterán a limpieza diaria con productos adecuados y a revisiones periódicas con el objeto de detectar anomalías o carencias en las propiedades y la corrección de las mismas.

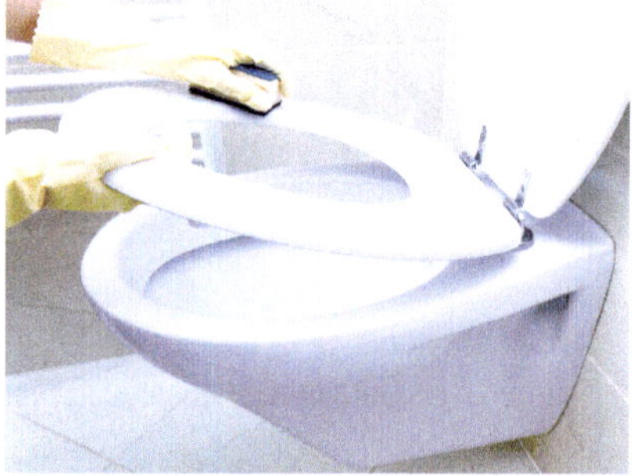

Mantenimiento preventivo en inodoro de un cuarto de baño para niños y niñas con necesidades educativas especiales

Por ejemplo, la ducha se debe limpiar pasándole los líquidos específicos detergentes, desinfectantes, descalcificadores... Es un lugar donde se almacena mucha humedad y si no se ventila y limpia asiduamente cabe la posibilidad de la aparición de moho. Además, hay que limpiar todos los rincones con insistencia, pues son las zonas más propensas a la aparición de moho.

Actividades

10. Defina con sus palabras "mantenimiento correctivo".
11. En el desarrollo de un programa de control de esfínteres, invente un juego o actividad para motivar a un niño con necesidades educativas especiales que no quiere usar un elevador de inodoro.
12. Ponga ejemplos de un mantenimiento preventivo de la ducha adaptada.

6. Reposición y sustitución: protocolos

Los materiales y accesorios sanitarios pueden sufrir deterioro, o bien por un mal uso o bien por el uso cotidiano. Es preciso que cada cierto tiempo se revisen todos y cada uno de los materiales y de las ayudas técnicas que componen el cuarto de baño adaptado a niños y niñas con necesidades educativas especiales. Si fuera el caso, y el estado no fuera adecuado, habría que reemplazar el elemento, reparándolo o adquiriendo uno nuevo.

También se debe valorar a cada uno de los alumnos o alumnas para buscar alteraciones que se puedan compensar con la reposición del material o dispositivo.

Cuando ocurra que la conservación de los dispositivos que componen el recinto del aseo no haya sido satisfactoria con el mantenimiento preventivo ni correctivo, se procederá a reponer una parte o todo el elemento. La sustitución consiste en reemplazar parcial o totalmente un componente defectuoso, inútil u obsoleto.

En cambio, si es posible la reposición o reparación de la parte con desperfectos, se realizarán trabajos menores periódicos para asegurar el correcto funcionamiento desde el punto de vista técnico, de sanidad y de seguridad, como es el caso de las grúas para trasferencias o los asientos para el inodoro o la ducha. En base a estos arreglos se elaborará un diagnóstico donde se señale lo susceptible de reparar, sustituir y modificar.

7. Reciclado y aprovechamiento de recursos

El reciclado de materiales o aparatos es el conjunto de operaciones de recogida y tratamiento de residuos que permite volver a insertarlos en un sistema de vida. Junto con "reducir" y "reusar" se enmarcan en la estrategia de tratamiento de residuos o desechos.

La labor de "reducir" consiste en las acciones para disminuir la producción de objetos susceptibles de convertirse en residuos. Y la de "reusar" se trata de las acciones que favorecen la vuelta a usar un producto para darle una segunda utilidad, con la misma función o con otro diferente.

No obstante, los docentes tendrán la labor de enseñar los procedimientos mediante los cuales los alumnos y alumnas aprovechan los recursos, es decir:

- cómo dosificar los productos de aseo necesarios para todas las actividades de aseo diarias (gel, champú, pasta dentífrica...)
- inculcar la importancia de no malgastar el agua y cerrar el grifo mientras se enjabonen o froten los dientes o se pulvericen el pelo para el peinado...
- insistirles en que la luz solo se enciende cuando es necesario y que debe apagarse al salir de cualquier estancia.
- en cuanto al papel higiénico o toallitas húmedas, enseñarles la cantidad justa requerida para cada hábito de aseo.
- mostrarles cómo se separan los residuos generados en el cuarto de baño para su desecho.

En definitiva, pautas para garantizar un correcto uso de los recursos y materiales, de forma que los alumnos y alumnas asuman estos aspectos como aprendizaje globalizado dentro de sus hábitos de higiene cotidianos.

Actividades

13. Elabore un cuadro sinóptico con las acciones de la estrategia de tratamiento de desechos y residuos.
14. Averigüe de qué color tiene que ser el contenedor de desechos de papel, según está establecido.
15. Busque un cuento donde se aborde el tema del consumo responsable del agua.

8. Resumen

El cuarto de baño es la estancia fundamental para implementar un programa de higiene personal y aseo en alumnos y alumnas con necesidades educativas especiales, por lo que tiene que estar adaptado a todas las peculiaridades de este tipo de población.

En los centros escolares, normalmente están adaptados a todo tipo de alumnado, si no fuera el caso hay que perseguir que se adapte para que todos los alumnos y alumnas puedan desarrollar sus actividades diarias de aseo en la escuela.

Durante este capítulo, se hace un repaso a las características que deben tener los materiales como que sean antideslizantes, que no reflejen, que sea un entorno seguro sin peligros, etc. También se detallan los accesorios sanitarios de un aseo adaptado para personas con discapacidad, así como se exponen qué ayudas técnicas existen para compensar las distintas discapacidades, como alzadores o sillas para inodoro, asideros, asientos de ducha, etc.

Ejercicios de repaso y autoevaluación

1. **Diga si las siguientes afirmaciones son verdaderas o falsas.**

   a. Los materiales empleados en el cuarto de baño serán fundamentalmente deslizantes.

      □ Verdadero
      □ Falso

   b. El pavimento del cuarto de baño deberá tener una textura rugosa.

      □ Verdadero
      □ Falso

   c. En el mobiliario del cuarto de baño se evitarán bordes y picos cortantes.

      □ Verdadero
      □ Falso

   d. Se aconseja que las baldosas del cuarto de baño sean brillantes para dar reflejos.

      □ Verdadero
      □ Falso

2. **Relacione los siguientes conceptos.**

   a. Mantenimiento preventivo.
   b. Mantenimiento correctivo.

   __ Limpieza diaria.
   __ Sustitución de piezas en mal estado.

3. **¿A qué ayuda técnica pertenece el tipo "horizontales discontinuos"?**

   ____
   ____

4. **¿A qué tipo de mobiliario se refiere la siguiente afirmación?**

   Este elemento se debe suprimir por ser la zona más peligrosa donde más accidentes se producen.

5. **Señale cuál sería una función de los docentes en el aprovechamiento de recursos, entre las opciones que se exponen.**

   a. Motivar a los alumnos y alumnas a que echen los desechos en el mismo contenedor.
   b. Inculcar entre el alumnado la importancia de no malgastar el agua en las actividades diarias de aseo.
   c. Fomentar que deben encender siempre la luz.

6. **Indique a qué se refiere esta definición.**

   El conjunto de operaciones de recogida y tratamiento de residuos que permiten volver a insertarlos en un sistema de vida personas.

7. **¿Para qué sirven los asideros?**

8. Relacione los siguientes elementos.

a. Estarán protegidos y fuera del alcance de los alumnos y alumnas.
b. Deben estar fabricados con materiales irrompibles.
c. Debe estar guardado bajo llave.

__ Botiquín
__ Enchufes
__ Útiles de aseo

9. Rellene los huecos.

Una __________ es una ayuda técnica que facilita la realización de las ________________ con garantía de ______________ y de forma cómoda para las personas con ______________.

10. Encuentre las acciones de la estrategia de tratamiento de residuos en esta sopa de letras.

P	V	L	L	K	F	E	Z
E	R	R	A	S	U	E	R
R	M	7	S	E	Ñ	C	S
Ñ	E	E	E	N	E	O	N
U	E	C	D	K	R	I	A
A	S	S	I	R	R	L	L
T	T	U	G	C	I	I	I
R	O	E	T	C	L	D	M
O	I	Q	N	I	A	A	E
D	R	I	C	U	D	E	R
F	F	R	G	A	E	R	H

11. Tache las palabras que no procedan.

Los (médicos / docentes) enseñarán cómo dosificar los productos de (aseo / alimentación) necesarios para todos las (actividades / historias) de aseo diarias (gel, champú, pasta dentífrica...).

12. Complete la siguiente frase.

El ____________________ se lleva a cabo por un programa sistemático de ________________ y reparación menor de partes ________________.

13. Conteste "Si" o "No" a las siguientes preguntas cortas.

a. ¿Es cierto que los inodoros deben tener un espacio libre de unos 10 o 15 centímetros que permita sentarse cómodamente? ______
b. ¿Un baño para personas discapacitadas deben tener un espacio diáfano que permita dar un giro de 1 metro de diámetro? ______
c. ¿Para ganar espacio de debe suprimir el lavabo? ______

14. Relacione los siguientes elementos.

a. Contrastar con las paredes.
b. 80 cm del suelo.
c. Posee un arnés.

__ Grúa
__ Aparatos sanitarios
__ Lavabo

15. Cite los tipos de asideros.

____

____

Bibliografía

Monografías

- CITOULA, L. M. C.: *La importancia educativa de la higiene en la educación infantil: Las preocupaciones en torno al control de esfínteres.* Coruña: Doctoral dissertation, Universidade da Coruña, 2017.

- CONSEJERÍA DE EDUCACIÓN: *Manuales de atención al alumnado con Necesidades Específicas de Apoyo.* Junta de Andalucía.

- EOE de Úbeda y Baeza: *Programa de autonomía personal y conductas básicas.*

- GUERRA-LÓPEZ, J.: *Evaluación y mejora continua: Conceptos y herramientas para la medición y mejora del desempeño.* AuthorHouse, 2007

- GUÍA DE ARQUITECTURA: *Adaptación de la vivienda para personas con Alzheimer y deficiencias de movilidad.* Fundación la Caixa.

- KAZDIN, A.: *Modificación de la conducta y sus aplicaciones prácticas.* México: Editorial El Manual Moderno, 2009.

- LEÓN Guerrero, M. J.: *La autonomía personal, social y en el hogar de alumnos de educación especial para la transición a la vida adulta.* Málaga: Ediciones Aljibe, 2006.

- MESTRES, J.: *Cómo construir el proyecto curricular de centro.* Barcelona: Vicens Vives, 1994.

- MORUNO, P., ROMERO, D. M.: *Actividades de la vida diaria.* Barcelona: MASSON, 2006.

- PÉREZ Serrano, G.: *Modelos de investigación cualitativa en educación social y animación sociocultural: aplicaciones prácticas.* Narcea Ediciones, 2000.

- VERDUGO Alonso, M. A.: *Programa de habilidades de la vida diaria. Programas conductuales alternativos.* Salamanca: Amarú Ediciones, 2000.

- VV. AA.: *Recomendaciones discapacidad. Guía de Orientación.* Universidad de Las Palmas de Gran Canaria, 2011.

Textos electrónicos, bases de datos y programas informáticos

- Portal de las personas con discapacidad, de: <https://www.discapnet.es/>.

- Revista Digital: Innovación y Experiencias Educativas, de: <https://www.csif.es/contenido/andalucia/educacion/91934>.

- UNICEF, de: <http://www.unicef.org>.